SeaEagle

SeaEagle

卡內基
Carnegie

遠離焦慮，擁有快樂生活。

戴爾・卡內基 著
雲中軒 譯

最暢銷勵志經典

全新譯本
NEW VERSION

How to Have A Happy Life and No Anxiety

卡內基代表作　人類出版史上的奇蹟

在人類出版史上，沒有哪一本書可以與卡內基著作的深入人心相比。
也唯有卡內基的著作，才可以在作者辭世以後，長期佔據我們的排行榜。
——《紐約時報》

前言

卡內基生前，總是建議讀者把本書與《人性的優點》放在一起閱讀。兩者的不同之處在於，《人性的優點》主要告訴人們克服憂慮的一些基本原則，《快樂的人生》更多的是指導人們如何獲得快樂。

在本書中，卡內基闡明一個觀點：在心靈中注入快樂，消除錯誤思想，比割除身上的腫瘤和膿瘡還重要。快樂是一種心態，一種選擇。人們的心態變得積極，就可以得到快樂，就會改變自己的命運。樂觀豁達的人，可以在平凡的日子中找到生活的情趣，可以在沉重的生活中活得輕鬆灑脫，可以把苦難的光陰變得甜美珍貴，可以把煩瑣的事項變得簡單可行……這個時候，快樂已經來臨！

生命的可貴，不是在於我們成功或是失敗，逆風還是順水，而是在於我們從中感悟到多少快樂。這些亙古常新的人間智慧將幫助我們認清真正的人生和真正的快樂。

人生漫漫，讓我們翻開這本書，邁入人生的樂土。

目錄

卡內基
遠離焦慮，
擁有快樂生活。

一第二章一
如何把自己修煉為成熟有魅力的人？

一第三章一
走出孤獨憂慮的人生

第四章 拋卻名利帶來的煩惱

一第一章一

為人處世的基本技巧

How to Have A Happy Life
and No Anxiety

Carnegie

不要批評、責怪、抱怨，發自內心地讚賞別人。

誠懇地讚賞別人，是待人成功的秘訣。

人類天性中最深切的衝動，就是「成為重要人物的欲望」。

表現自己，是人性最主要的需要。

忘記自己，多對別人感興趣，每天做一件可以帶給別人喜悅的事情。

知悉對方的想法，學會關心和幫助別人。

選擇正確的思想

《創世紀》中，上天賜予人類統治大地的權力，這是一份偉大的賜予，我對這種偉大的權力沒有什麼興趣。我只希望可以統治我自己——控制自己的想法，克服自己的恐懼，控制我的心智與精神。

人生的平安與喜樂，不是因為我們身在何處，或是在做什麼，或是我們是誰，完全只是由我們的心境所定。

幾年前，我曾經讀到詹姆斯・艾倫所著的《我的人生思考》一書，這本書對我的人生有深遠的影響。書中有這樣一段話：「如果改變對事與人的看法，事與人就對他發生改變……如果一個人的想法有激烈的改變，他會驚訝地發現生活中，自己的狀況也有急速的變化。人的內心都有一份神奇的力量，那就是自我……所有人都是自己思想的產物……人們提升自己的思想，才可以上進，並且完成某些事情。拒絕提升思想的人，只能停留在悲慘的深淵中。」

幾年前，有人問我：「你一生中令你感受最深的是什麼？」這很容易回答。迄今為止，令我感受最深的是——人的思想的重要性。如果我瞭解你的思想，我當然就瞭解你這個人。我們的思想造就了我們這個人：我們的態度決定我們的命運。

我現在百分百確信，我們所需面對的最大問題——事實上，幾乎也是我們所需面對的唯一問題——就是選擇正確的思想。如果我們可以做到，就已經走上解決問題的捷徑。

馬可・奧里略，不僅是統治羅馬的皇帝，同時也是一位偉大的哲學家，他只用了一句話就涵蓋了人生——這也是決定人類命運的一句話——「思想決定一生」。

諾曼・皮爾說：「你所認識的，並非真正的你；反而是你怎麼想，你就是什麼樣的人。」如果思想是快樂的，我們當然就是快樂的；如果想得淒慘，我們就會淒慘；有恐懼的想法，就會產生恐懼；病態的思想真的會令人生病；想到的如果是失敗，我們就註定會失敗；如果總是自憐，每個人都將唯恐避之不及。」

不要認為我是在宣揚天真的樂觀主義，人生還不至於那麼單純。我只是提倡以積極的態度代替消極。換句話說，我們應該關心自己的問題，而非只是憂慮。這兩者之間有什麼差別嗎？每次我走在紐約街道洶湧的人流中，我都很注意安全，但是不擔憂。人生同樣如此，關鍵是要認清問題，並冷靜地採取步驟處理它，而憂慮只是慌亂地兜圈子。

眼前的挫折不妨礙你仍然昂首闊步，正常度日。洛維爾・湯瑪斯就是這樣。我很榮幸認識他，並且推薦他的影片。他與助手們起碼到過六處戰場拍攝紀錄片，其中包括艾倫比征服聖地的影片。他以「巴勒斯坦的艾倫比與阿拉伯的勞倫斯」為主題的演講，在倫敦及世界各地都引起了轟動。倫敦的歌劇旺季因為他而延後六個星期，讓他繼續在皇家歌劇院娓娓敘述他驚心動魄的故事並且展示影片。之後，他又攜影片在世界各國連連掀起一場場轟動。後來，他又花了一年的時間在印度與阿富汗拍攝紀錄片。但是這個時候不幸的事情卻接踵而來，最不可能的事情發生了：他在倫敦宣告破產，我跟他在一起，我記得我們只能在一起吃便宜的晚餐——如果不是湯瑪斯去向一位朋友借錢，我們連那一頓飯也吃不起。我想說的是：洛維爾・湯瑪斯在巨大的債務與挫折下，也只是關心他自己的問題，並非真正的憂慮。他知道如果被擊倒，對任何人他都將一文不值，包括他的債權人在內。每天早晨出門以前，他一定會提醒自己抬頭挺胸。他積極，有勇氣，拒絕被挫折擊倒。對他來說，挫折是人生的一部分！如果你要達到成功的巔峰，這將是一種有意義的磨練。

關於心理狀況對我們的生理能力的影響，英國著名心理學家弗萊德做過一次有關的實驗，他後來對我說：「我請來三個人，對他們測試心理對生理的影響，我們用測力計來測量。」

他請他們雙手用力握住測力計，在三種不同的情況下做一對比。在正常清醒的狀況下，他們平均抓力為一百零一磅。當他們被催眠，並且告訴他們很虛弱時，就只有二十九磅的抓力——只有正常體力的三分之一（三人之中，有一個是拳擊冠軍，在催眠中告知他現在很虛弱後，他就覺得自己的手臂很瘦弱，像嬰兒一樣）。

第二次催眠以後，他告訴他們，他們都非常強壯。這個時候，他們的平均抓力可達一百四十二磅。也就是說，當他們心中充滿積極有力的思想時，每人平均都提升了近五〇％的體力。

心理的力量真是不容忽視。舉一個例子來說，因為思想的力量而改變的奇妙事件，就發生在我的一個學員身上。他精神崩潰過，原因就是憂慮。

這個學員告訴我：「我擔心每件事情，我擔心自己太瘦，擔心自己掉頭髮，擔心永遠沒錢成家，我想我當不了一位好父親，我怕失去我想娶的女友，我擔心過得不夠好，我擔心別人對我的印象。我內心深處的壓力不斷地在增加，像個沒有安全閥的壓力鍋。最後，當壓力大到我再也無法承受時，終於爆發了。如果你精神崩潰過……但是希望你永遠沒有過，任何生理上的病痛都不能與心理上的痛苦相提並論。

「我當時的情況極為嚴重，甚至與家人都無法正常交流。我無法控制自己的思想，我的內心充滿恐懼，一點小小的聲音都會令我驚跳起來。我逃避所有人，無緣無故的，我就可以大哭一場。

「對於我來說，每一天都是煎熬，我覺得所有人都遺棄我——甚至包括上帝，我很想投河了此餘生。

「後來，我決定到佛羅里達，希望換個環境會有所幫助。我上火車時，我父親交給我一封信，告訴我到了那裡才可以打開來看。我到佛羅里達時正是旅遊觀光的旺季，由於訂不到房間，我就租了車房。我到邁阿密去找工作，但沒找到。於是，我整天在海灘上消磨時間，但感覺比在家裡的時候還慘。

「我打開信封，想要看看父親說什麼。紙條上寫著：『孩子，你已經離家一千五百里，但是沒有什麼改變，對嗎？我知道，因為你把你的煩惱也帶去了，那個煩惱就是你自己。你的身心都很健康，打敗你的不是你所遭遇的各種事情，而是你對這些事情的想法。一個人的想法將決定他是一個什麼樣的人。當你想通這一點，孩子，就回家來吧！因為你必已康復。』

「父親的這封信把我惹火了，我不想得到任何指示。我氣得當時就決定絕對不再回家。當天晚上，我在邁阿密街頭遊蕩時，經過一座教堂，裡面正在做彌撒。反正無處可去，我就進去了，正聽到有人念道：『戰勝自己的心靈比攻佔一個城市還要偉大。』

「我坐在天主的聖殿裡，聽著跟我父親信上所寫的同樣的道理，這些力量終於掃除了我心中的許多困擾。這一生，我第一次神清氣爽。我發現自己愚不可及，認清自己後，使我吃了一驚，原來我一直想改變整個世界及其中的每個人——其實，唯一需要改變的只是我的想法。

「第二天一早，我就收拾行李，打道回府。一個星期以後，我又回到工作崗位上。四個月以後，我娶了那位我一直怕會失去的女友。現在，我們已經是有五個孩子的快樂家庭。在物質與精神兩方面，我都受到眷顧。精神狀況不佳的那段時間，我擔任晚班工頭，是一個只有十八個人的部門。現在，我在卡通公司擔任主管，轄下有五十多位員工。人生越來越富足。我知道自己已掌握人生的真諦。即使有時候會有一些不安的情緒，我會告訴自己又該自我調整了，於是又能平安無事。

「我承認我很幸運有崩潰的經驗，因為那次的痛苦使我發現思想的力量竟然比其他的力量都大得多。

如果我真正體會到這一點，就可以治癒內心的頑疾，而且不再崩潰。

「我現在深信，我們由人生體會到心靈的平安與喜樂，不是因為我們身在何處，或是在做什麼，或是我們是誰，完全是由我們的心理態度所決定。外在環境的作用實在有限。」

史考特是第一個抵達南極的英國人，他們探險的回程幾乎是人類所經歷到的最嚴酷的考驗。他們斷了糧，燃料也沒有了。他們寸步難行，吹過極地的狂風已經肆虐十一個晝夜，風力強大到可以切斷南極冰崖。史考特一隊人知道自己已不可能再活著回去，他們原先準備了一些鴉片以應付這種形勢。因為一劑鴉片就可以叫大家躺下，進入夢鄉，不再甦醒。可是他們沒有這麼做，反而是在歡唱中去世。我們之所以知道，是因為八個月後，一支搜索隊找到他們，並且從他們冰凍的遺體中發現一封告別信，信上是這麼寫的：「如果我們擁有勇氣與平靜的思想，就可以坐在自己棺木上還可以欣賞風景，在饑寒交迫時還可以縱情歡唱。」

失明的米爾頓在三百年前就發現同樣的真理：「心靈，是它自己的殿堂：它可以成為地獄中的天堂，也可以成為天堂中的地獄。」

拿破崙與海倫·凱勒都是米爾頓的最佳詮釋者。有一次，集榮耀、權力、富貴於一身的拿破崙說：「在我的生命中，找不到一天快樂的日子。」既聾又啞的海倫·凱勒卻說：「我發現人生是如此美妙！」

威廉·詹姆斯是實用心理學的頂尖大師，他曾經有這樣的描述：「行動似乎在跟著感覺走，其實行動與感覺是並行的，大多都以意志控制行動，就可以間接控制感覺。也就是說，我們雖然不能下定決心就立刻改變情緒，但是我們確實可以做到改變行動。當我們改變行動時就自動改變感覺。如果你不開心，可以使自己開心的唯一方法就是開心地坐直身體，並裝作很開心的樣子說話及行動。」

這個簡單的魔法有效嗎？你自己去試試看吧！先在你的臉上堆起一個真正的微笑，放鬆肩膀，平緩的深吸一口氣，再唱首歌。如果不會唱，就吹口哨，不會吹口哨的，輕聲哼哼也行。很快的，你就會明白威廉．詹姆斯的意思──如果你的行為散發的是快樂，就不可能在心理上保持憂鬱。

我認識一位加州女士，如果知道這個秘密，二十四小時內就可以清除她心中的困擾。她是一位寡婦──我承認這實在很悲哀。她是否可以做出快樂的樣子？當然沒有，如果你向她問好，她會說：「呃，我還好啊！」──但是她臉上的表情及聲音都表示：「噢！老天哪！你看我多麼倒楣啊！」她幾乎在責備你在她面前太快樂了。其實，比她不幸的婦女多得是，她丈夫遺留給她的保險金足夠她過一輩子，她已經成家的子女也給她一個家。但是我很少看到她笑，她抱怨她的三位女婿小氣自私──雖然她每次都在他們家裡住上幾個月。她又埋怨女兒從來不送她禮物──雖然她把錢守得很緊，她堅持「為了自己養老！」

她實在是自欺欺人。非如此不可嗎？最遺憾的正是這一點──她完全可以把自己從不幸、痛苦的老婦改變為家中受尊敬愛戴的慈祥長者──只要她願意改變。所有這些改變只要從一個行動開始，就是做出開心的樣子，做出可以付出一點愛心的樣子──而不是徘徊在自己痛苦的深淵中。

殷格樂先生因為發現這個秘密而能活到今天。殷格樂先生十年前罹患猩紅熱，康復後卻發現自己併發有腎炎。他遍訪各地名醫，偏方也都試過，但卻都醫治不好。不久，他的血壓也升了上去。他去看醫生，醫生告訴他，他的病情很危險，讓他最好先安排好後事。

他說：「我回到家，查了我的保險都還有效，就陷入消沉，把每個人都弄得不痛快。我們全家一片愁雲慘霧，我陷入其中不能自拔。過了一個禮拜自怨自艾的日子後，我對自己說：『你簡直像個傻瓜！你可能一年內都死不了，為什麼不讓眼前的日子好過一些？』

「於是，我放鬆緊繃的肌肉，面帶微笑，做出一切正常的模樣。我得承認，開始都是裝出來的——但是我一直在強迫自己開心，結果不僅對我的家人有益，更幫助了我自己。首先我發現，我開始感覺好一些——簡直像假裝的一樣好，情況越來越好，直到今天——過了我的死期好多個月，我不僅開心健康地活著，連血壓也降了下來！我可以確定的是：如果我一直讓『快死了』的想法縈繞心中，醫生的預測一定不會錯的。相反的，我讓自己的身體有機會自癒，完全是因為我的態度改變了。」

讓我問你一個問題：「如果只要想得開心積極，就可以救回這個人的生命，我們何必還要為一點芝麻小事去操心？如果只要裝作開心就可以創造快樂，又何必讓自己及周圍的人難過？」

這就是獲得平安與快樂的第一個原則：

選擇正確的思想。

堅守自我，拒絕模仿

我有一封來自北卡羅萊納州的信，是伊蒂絲・阿爾雷德太太寫給我的。信中說了一些情況：

「我從小就是極為敏感而羞怯的女孩。我長得太胖，臉上的肉很多，這使我看起來更胖。我的母親非常古板，她認為把衣服穿得太漂亮是一件愚蠢的事，說是如果衣服太合身容易撐破，不如做得寬大一點。她也讓我照這句話打扮。我從來不參加任何的聚會，也沒有什麼值得開心的事。上學後，我從來不和同學們一起活動，甚至連體育課都不上。我害羞至極，總覺得我和其他人不一樣，別人也不喜歡我。

「長大後，我嫁給了一位比我大幾歲的先生，但是我並沒做任何改變。我丈夫全家都顯得穩重而自信。我很想像他們一樣充滿自信，但沒法做到。我盡了最大的努力，也總是不能如願。他們曾幾次嘗試著幫我突破自己，卻總是適得其反，這讓我更內向，更加敏感。我越來越緊張不安，不敢見任何朋友，甚至門鈴的響起都讓我感到驚慌！我知道自己徹底失敗了！我自己很清楚，只是害怕丈夫有一天會發現這一點，所以每次在公共場合，我都盡量顯得開心一點，有時候裝得反而顯得過火。這我也清楚，因此事後好幾天我都難過著。最後，我實在懷疑自己是否有活下去的必要，於是我開始想自殺。」

到底是什麼事情，改變這位想要自殺的女人？

沒有什麼，只是一句偶然的話。

伊蒂絲太太繼續寫道：「改變我人生的只是偶然的一句話。有一天，我婆婆和我聊到她是如何教育子女時說：『無論如何，保持本色，做獨一無二的自己。』

「『保持本色』這幾個字在我眼前閃過，猶如當頭棒喝。我發現，不幸的根源，在於我把自己套入一個不屬於自己的模式中。」

「一夜之間，我改變了！我開始保持本色，努力研究自己的個性，試著認清自己，並找出自己的優點，盡我所能地去學習服飾搭配，以穿出自己的品味及個性。我主動結交朋友，參加一個社團。開始只是一個小社團，他們請我主持某項活動時，我當時嚇壞了。但是每當我多講幾句話，就會有更多的勇氣。」

「這是一個十分漫長的過程，但是現在我比過去快樂得多。當我教育自己的孩子時，我一定會把這些歷經苦難的教訓告訴他們：無論如何，保持本色，做獨一無二的自己。」

詹姆斯・戈登・基爾凱醫生說：「『保持本色』這個問題與人類歷史一樣久遠，這是一個人類的問題。」也是很多在精神和心理疾病方面隱藏的病因。安吉羅・派屈寫過十三本有關學前教育的書，還發表幾千篇有關兒童訓練的文章。他曾經說：「一個人最糟糕的是不能成為自己，不能在身心中保持自我。」

這種不能保持本色而模仿他人的現象在好萊塢已經氾濫成災。好萊塢著名的導演山姆・伍德曾經說，最令他頭痛的事情，就是幫助年輕演員克服不能「保持自我」這個問題。他們都想成為二流的拉娜・特納或三流的克拉克・蓋博。「觀眾已嘗過那種味道了，」山姆・伍德不停地告誡他們，「觀眾現在需要更新鮮的。」

山姆・伍德在導演《萬世師表》和《戰地鐘聲》等名片以前，從事房地產業很多年，因此他培養自己擁有一種銷售員的個性。他認為，商界中的許多規則在電影界也完全適用。完全模仿別人絕對會一事無成。「經驗告訴我，」山姆・伍德說，「盡量不錄用那些模仿他人的演員，這是最保險的。」

最近，我向克洛石油公司的人事部經理保羅・鮑爾登請教，問他前來求職的人常犯的最大毛病是什麼。他應該知道這些，因為他曾經和六千多個求職者面談，還寫過一本《求職的六種方法》的書。他回答：「前來求職的人所犯的最大的錯誤，就是不能保持本色。他們不敢以真面目示人，不能完全坦誠，卻給你一些他認為你想要的回答。」可是這種做法毫無用處，因為沒有人想要偽君子，也從來不會有人願意收假鈔票。

有一位電車長的女兒，花了許多努力才懂得這個道理。她的夢想是成為一位歌唱家，但是她長得不好看。她的牙齒暴凸，嘴很大，每次在新澤西州的一家夜總會裡公開演唱的時候，她總想把上嘴唇拉下來，好遮擋住她的暴牙，她想表演得「很美」，可是結果呢？她讓自己怪態百出，最終還是未能逃脫失敗的命運。

幸好，當天晚上在座的有一位男士認為她很有歌唱的天分，便直率地對她說：「我看了你的表演，也看得出來你想掩飾什麼。你覺得你的牙齒很難看？」

這個女孩顯得非常窘迫，但是那個人繼續說：「為什麼要這樣？難道長了暴牙就罪大惡極嗎？不要去遮掩，張大你的嘴，觀眾看到連你都不在乎，他們就會喜歡你的。」他很犀利地說：「再說，說不定你想遮起來的那些牙齒，還會帶給你好運。」

女孩接受他的忠告，不再注意自己的牙齒。從那個時候開始，她想到的只有她的觀眾。她張大嘴巴，熱情奔放地唱歌，之後，她成為電影界和廣播界的一流當紅明星。現在，其他歌星反而想來模仿她了。

威廉・詹姆斯曾經說：「一般人的心智慧力使用率不超過一〇%，大多數人還不太瞭解自己有哪些才能。與我們應該取得的成就相比，其實還有一半以上是未被喚醒的。我們只運用身體的一小部分。人往往都活在自己所設定的限制中，我們擁有各式各樣的資源，卻經常無法成功地運用它們。」

既然你我都有這麼多未加開發的潛能，又何必擔心自己不像其他人？你是這個世界上的新東西，以前從未有過——從開天闢地直到現在，從未有過完全跟你一樣的人。而且將來直到永遠，也不可能再出現一個和你完完全全一樣的人。新的遺傳學知識告訴我們，你之所以成為你，取決於你父親的二十三對染色體和你母親的二十三對染色體遺傳的是什麼。「在每一個染色體內，」阿倫・舒因費說，「可能有幾十到幾百個遺傳因數，在某些情況下，每一個遺傳因數都有可能改變一個人的命運。」

即使你的母親和父親相遇成親之後，生下的這個人正好是你，但這個機會也是三十億萬分之一。換言之，即使你有三十億萬個兄弟姐妹，也可能完全跟你不同。這不是臆想之說，這些都是科學事實。

保持自己的本色，就像歐文・柏林給已故的喬治・蓋希文的忠告那樣。

柏林和蓋希文初次見面的時候，柏林已經名聲顯赫，蓋希文還是一個未成名的年輕作曲家，一個星期只賺三十五美元。柏林非常欣賞蓋希文的才華，就問他想不想當他的秘書，薪水大概是他當時收入的三倍。「但是我建議你不要接受這份工作，」柏林忠告他說：「如果你接受這份工作，你可能會成為一個二流的柏林，但是如果你繼續堅持保持自己的本色，總有一天你會成為一個一流的蓋希文。」

蓋希文接受這個忠告，後來他終於成為美國當時最著名的作曲家之一。

其實，對深入探討如何保持本色這個問題，我對此感想非常深。我對我自己所談的問題很清楚，因為我為此付出過相當大的代價，有過痛苦的經歷。當我從密蘇里州的鄉下去紐約的時候，我進了美國戲劇學院，希望可以當一個演員。當時，我有一個自以為非常聰明的想法——一條走向成功之路的捷徑：我要學當年那些著名的演員是如何表演的，我要學會他們的優點，然後把每個人的長處學到手，使我自己成為一個集諸人優點於一身的著名演員。

我的這種想法是多麼愚蠢！多麼荒謬！我竟然浪費那麼多時間去模仿別人！最後我終於明白，我一定要保持本色，我不可能變成任何人。

有這次痛苦的經歷之後，應該說能得到一些教訓才對，但事實並非如此。我沒有接受教訓，幾年之後，我開始寫作一本書，並且希望那是所有關於公開演說的書籍中最好的一本。在寫那本書的時候，我又產生和以前學演戲時一樣的愚蠢想法。想「借」來其他作者的觀念，放在那本書裡，使它可以無所不包。於是，我買了十幾本關於公開演講的書，花了一年的時間把它們的概念納入我的書裡，但是我又發現我做了一件傻事：把別人的觀點大雜燴地湊在一起而寫成的東西非常做作，也非常枯燥，沒有一個人願意看下去。因此，我把一年的心血都扔進了廢紙簍裡，一切重頭再來。

這次，我對自己說：「你一定要保持自己的本色，無論你的錯誤有多少，你的能力多麼的有限，你也不能變成別人。」於是，我不再試著成為其他人的綜合體，而是捲起袖子，做了我當初本來應該做的事：我寫了一本關於公開演講的教材，完全以我自己的經驗和觀察，以一個演說家和演說教師的身分來寫。我學到華特・羅里爵士所學到的那一課，而且我希望可以永遠保持下去。華特・羅里爵士於一九〇四年在牛津大學當英國文學教授，他說：「我寫不出一本足以和莎士比亞媲美的書，但是我可以寫一本由我自己寫成的書。」

瑪麗・瑪格麗特・麥克布萊德、威爾・羅傑斯、卓別林、金・奧特雷，以及其他成千上萬的人都學過我在此想讓各位明白的這一課，而且他們就像我一樣學得很辛苦。

瑪麗・瑪格麗特・麥克布萊德剛踏入廣播界的時候，想做一名愛爾蘭喜劇演員，但是她失敗了。後來，她發揮自我的本色，扮演一個從密蘇里州來得很平凡的農村女孩，結果成為紐約最受歡迎的廣播明星。

威爾・羅傑斯在一個雜耍團中，只是表演拋繩技術，沒有任何說話的機會。他這樣做了好多年以後，才發現自己在講幽默笑話上有特殊的天分，於是開始在表演拋繩的時候說話，最終成名。

卓別林最初拍電影的時候，那些電影導演都堅持讓他去學當時德國一個非常有名的喜劇演員，但直到卓別林創造出自己的一套表演方法之後，才開始出名。金・奧特雷剛出道的時候，想把他的德州口音改掉，成為一個城裡紳士，並自稱是紐約人，結果大家在背後笑他。後來，他開始彈五弦琴，改唱西部歌曲，開始了他那了不起的演藝生涯，並成為全世界在電影和廣播兩個行業中最著名的西部歌星。鮑伯・霍伯也有同樣的經驗，多年來他一直在表演歌舞片，結果毫無成就，一直到他找到開自己玩笑的本事之後，才功成名就。

每個人都是這個世界上的新東西，每個人都應該為此而慶幸，並且盡一切努力利用大自然所賦予自己的一切。所有的藝術都帶著一些自傳色彩：你只能唱你自己的歌，只能畫你自己的畫，只能做一個由你的經驗、你的環境和你的家庭所造成的你；無論好壞，你都要在生命的交響樂中，演奏屬於你自己的樂曲；無論好壞，你都要自己創造一個屬於自己的花園。

正如愛默生在他的散文《論自信》中所說的：

每個人在他的教育過程中，一定會在某個時期發現，羨慕就是無知，模仿就是自殺。無論好壞，他都必須保持自己的本色。雖然廣袤的宇宙之間全是美好的東西，但除非他耕耘那一塊屬於自己的土地，否則他絕對不會有好收成。他所有的能力是自然界的一種新能力，除他之外，沒有人知道他可以做什麼，他可以知道什麼，這些都必須靠他自己去嘗試求取。

另一位詩人道格拉斯・馬洛赫如是說：

如果你不能成為別人山巔上一個挺拔的松樹，
就做一棵山谷中的灌木吧！
但要做一棵溪邊最好的灌木！
如果你不能成為一棵參天大樹，那就做一片灌木叢林吧！
如果你不能成為一片灌木叢林，
不妨就做一棵小草，給道路帶來一點生氣！
你如果做不了麋鹿，就做一條小魚也不錯！
但要是湖中最活潑的一條！
我們不能都做船長，總得有人當船員，

卡內基
遠離焦慮，
擁有快樂生活。

但是每人都要各司其職。
不管是大事還是小事，
我們總得完成份內的工作。
做不了大路，為何不做條羊腸小徑，
不能成為太陽，又何妨當顆星星；
成敗不是在於大小——
只是在於你是否已竭盡所能。
想要獲得平安快樂的心理，一定要謹記：
保持自我本色，不要模仿別人。

從悲傷中走出來

幾年前，我在一個電台的廣播節目中被主持人問到：「你學到的最重要的一課是什麼？」

這個問題很簡單：我所學到的最重要的一課，就是「思想的重要性」。只要知道你在想什麼，我就可以知道你是什麼人，因為我們的死穴造就了我們。我們的命運也取決於我們的心理狀態。

曾經統治羅馬帝國的偉大哲學家馬可・奧里略說過一句話：「生活是由思想形成的。」

這是一句可以決定你命運的話。我們的命運如何，完全取決於我們的心理狀態。愛默生曾經說：「一個人就是他成天所想像的那種樣子，他怎麼可能成為另一種樣子？」只要知道你心裡想些什麼，就可以知道你是一個怎樣的人，因為每個人的性格特徵都是由他的思想造成的。

我現在可以肯定地說，你和我所必須面對的最大的問題，就是如何選擇正確的思想，事實上，這幾乎可以算是我們需要應對的唯一問題。如果我們可以做到這一點，一切問題便可迎刃而解。

如果我們所想的都是悲傷之事，我們就會悲傷；如果我們所想的都是快樂的事情，我們自然而然就可以獲得快樂；如果我們所想的是不好的念頭，我們恐怕就不得安寧了；如果我們所想的是一些恐怖的情況，我們就會恐懼；如果我們沉浸在自我哀憐之中，別人都會有意躲開我們；如果我們想的都是失敗，我們就會失敗。諾曼・皮爾曾經說：「你不是你想像中的那種樣子，而你卻會是你所想的那種人。」

這樣說，是不是在暗示我們都應該用習慣性的樂觀態度去應對一切困難？當然不是。很不幸的是，生命不會像這樣簡單化，但是我鼓勵大家要盡力採取積極正面的態度，而不要採取消極反面的態度。

一個人可以關注一些很嚴峻的問題，但是他同時可以將鮮花插在衣襟上昂首闊步。

我們必須關注我們所面臨的問題時，絕對不能為此而憂心忡忡。關注和憂慮之間的區別是什麼？說得更明白一些吧：例如，每當我要通過交通擁擠的紐約市街區時，我對正在做的這件事情就會很注意，可是我不會憂慮。關注指的是要瞭解問題出在哪裡，然後鎮定自若地採取各種方法解決它；而憂慮卻是盲目而瘋狂地轉圈子。

如果說半個世紀的生活經歷曾經使我學到什麼，那就是：「除了你自己，沒有任何東西可以給你帶來平靜」。

牢記愛默生那句話：「不要認為一次政治上的獲勝，收入的提高，病體的康復，或是分手許久的好友的歸來，或是任何其他純粹外在的事物，能提高你的興致，使你覺得你的眼前有許多美好的日子。不要相信它，事情絕對不會是這樣簡單的。除了你自己，沒有任何東西可以給你帶來平靜。」

偉大的斯多葛派哲學家愛比克泰德曾經警告我們：我們應該竭盡全力消除思想中的錯誤想法，這比割除「身體上的腫瘤和膿瘡」更加重要。並且，現代醫學也證明他的這個理論。坎貝・羅賓博士說，在約翰・霍普金斯醫院收容的病人中，有五分之四都是由於情緒緊張和壓力過大所引起的，甚至一些生理器官上的毛病也是如此。他宣布：「這些都起源於生活中無法協調的各種問題。」

偉大的法國哲學家蒙田曾經以「一個人因意外事故所受到的傷害，遠遠不如他對發生事故所擁有的意見深刻」這句話來作為他的生活座右銘。我們對所有事物的意見，也完全取決於自己做出何種判斷。

當你飽受各種煩惱困擾，精神緊張不安的時候，是否應該大膽地告訴自己，你完全可以憑藉自己的意志力，來改變你的心境。我會告訴你如何做到這一點，這個秘訣非常簡單。

許多年以前，我看過一本小書，書中有這樣一段話：

一個人改變對事物和其他人的看法時，他會發現，事物和其他人對他來說將會發生改變。如果一個人把他的思想朝著光明的一面，他就會很驚訝地發現，他的生活由此受到巨大的影響。人們不能吸引他們所要的，卻可以吸引他們所有的，可以改變氣質的神性就存在於自己的內心中，也就是我們自己。一個人所能得到的，正是他自己思想的直接結果。只有具備奮發向上的思想之後，一個人才可以振奮，充滿欲望，並且有所成就。如果他不能振作他的思想，永遠只能陷於衰弱和愁苦之中。

所以，讓我們記住威廉・詹姆斯的話：「……通常，只要把受苦者的內心感覺由恐懼轉變成奮鬥，就可以把我們所謂的大多數邪惡轉變為有所裨益的東西。」

卡內基
遠離焦慮，
擁有快樂生活。

讓我們為自己的快樂而奮鬥吧！一切只為今天。只為今天，我們要內心毫無懼怕。我們尤其不能害怕快樂，我們要去愛一切，去欣賞一切美，相信我們所愛的那些人也會愛我們。

如果我們想要獲得平安和快樂的心境，請記住：

有快樂的思想和行為，就會感受到快樂。

學會放鬆，解除疲勞

你是否可以想出一個迅速而有效的驅逐憂慮的方法？也就是立刻就可以付諸實施的方法？

如果你的回答是「不能」，請允許我向你介紹開利發明的這個方法。開利是一位聰明的工程師，他創立空氣調節器製造公司，現在是聞名世界的紐約州雪城市開利公司的負責人。

一天，我和他在紐約的工程師俱樂部共進午餐時，聽他講到了這個方法：「在二十年前，我因為長時間的憂慮而罹患嚴重的胃潰瘍，體重也從一百七十磅降到九十磅。一天晚上，我突然胃出血，被送到芝加哥大學醫學院的附屬醫院。我的病非常嚴重，醫生囑咐我靜臥，連頭都不許我抬。醫生們認為我的病是不可救藥了。除了蘇打粉，我每小時只能吃一匙半流質食物。

「這種情況一直持續幾個月……最後，我對自己說：『既然你除了等死之外沒有其他的任何指望，乾脆放棄那些顧慮，充分利用你餘下的生命吧！你不是想要在你死之前環遊世界嗎？如果你還有這個念頭，只有現在就去做了。』

「我告訴醫生我要去環遊世界的時候，他們都大吃一驚。他們警告說，這是絕對不可以的。他們從來沒有聽過這種事，如果我去環遊世界，我很可能就只有葬在海裡了。」

「『不，不會的，』我說，『我已經答應我的親友，我要葬在我們家鄉的墓園裡，所以我打算隨身帶著棺材。』

「我買了一口棺材，把它運上船，然後和輪船公司商定，如果我死了，就把我的屍體放在輪船的冷凍倉中，送我回到我的老家。

「我踏上旅程，心裡默念著歐倫凱的那首詩：

啊，在我們零落為泥之前，

豈能辜負人生的歡娛？

物化為泥，永眠於黃泉之下，

沒酒、沒弦、沒歌，而且沒有明天……

「我在洛杉磯登上亞當斯總統號遊船向東方航行的時候，感覺比在病床上好多了。逐漸地，我不用再吃藥了。不久，任何食物我都可以吃了——甚至包括許多奇特的當地食品和調味品——這些都是別人說我吃了一定會送命的東西。幾個星期過去了，我甚至可以抽長長的黑雪茄，喝幾杯葡萄酒。多年來我從未這樣享受過。我們在印度洋上碰到季風，在太平洋上遇到颱風，可是我從這次冒險中，得到無窮的樂趣。

「我在船上玩遊戲、唱歌、結交新朋友，晚上和他們聊天到半夜。到了中國和印度之後，我發現自己回去後要料理的私事，與在這裡看到的貧困和饑餓相比，簡直是不值一提。我拋棄了所有無聊的憂慮，覺得前所未有的輕鬆。回到美國以後，我的體重增加九十磅，一生中我從未感到這麼舒服、健康。

「我發現，我接受現實以後，一切都發生變化。第一，我問自己：『可能發生的最壞情況是什麼？』答案是：死亡。

「第二，我讓自己準備迎接死亡，我不得不這樣做，因為我別無選擇，幾個醫生都說我沒有希望活命了。

「第三，我設法改善這種狀況。方法是：盡量享受剩下的這些時間……如果我上船後繼續憂慮下去，毫無疑問，我會躺在棺材裡結束這次旅行。幸運的是，我完全放鬆了，忘記所有的煩惱。這種心理平衡，使我產生新的生命活力，拯救我的生命。」

他還告訴我另一件事情：「在我年輕的時候，我在紐約州水牛城的水牛鋼鐵公司工作。有一次，我必須到密蘇里州水晶城的匹茲堡玻璃公司——這座工廠花了幾百萬美金，安裝一台瓦斯清潔機，以便清除存在於瓦斯中的雜質，使瓦斯燃燒時不至於燒壞引擎。這是一種新的清潔瓦斯的方法，以前只試過一次，而且當時的情況與此時的情況不一樣。當我去密蘇里州水晶城做這項工作的時候，事先沒有預料到的困難發生了。經過一番調整之後，機器總算可以使用了，但是沒有達到我們所保證的程度。我失敗了，我覺得好像有人在我頭頂上重重地打了一拳。我的胃和整個腹部開始疼痛起來。好長一段時間，我都因此而難以入睡。最後，我明白了，憂慮不能解決任何問題，我想出一個不需要憂慮就可以解決問題的方法，結果非常有效。我這個消除憂慮的方法，已經用了三十多年，並且這個方法非常簡單，每個人都可以用。它總共有三個步驟：

「第一步：我先放棄害怕，誠懇地分析整個情況，然後找出如果失敗將會出現的最壞情況。沒有人會把我關起來或是槍斃我，這一點可以肯定。只是，我很可能會丟掉工作，我的老闆也可能會拆掉整個機器，使兩萬美元泡湯。

「第二步：找出了很多可能發生的最壞的情況之後，我讓自己敢於接受它。我對自己說，這次失敗在我的人生紀錄上是一個很大的污點，我可能會因此而丟掉工作。但即使真的這樣，我還是可以找到另一份工作，而且事情可能比這個更糟。至於我的老闆，他也知道我現在正在試驗一種新的清潔瓦斯的方法，如果這個試驗要花兩萬美元，他還付得起。他可以把這筆帳記在研究費用上，因為這只是一種試驗。當我分析到可能發生的最壞情況，並讓自己可以接受它之後，我立刻輕鬆下來，感受到幾天以來所沒有經歷過的平靜。

「第三步：從這以後，我就平靜下來，把我的時間和精力用於改善我所面對的問題和困難。

「我努力尋找各種方法，以減少我們目前面臨的兩萬美元的損失。我做了幾次實驗，最後發現如果我們再多花五千美元，加裝一些設備，我們的問題就可以完全解決了。我們按照這個方法去做之後，公司不僅沒有損失兩萬美元，反而賺了一萬五千美元。

「假如我當時一直擔心下去，不能振作起來，恐怕再也不可能做到這一點。因為憂慮的最大害處，就是會毀掉我們集中精神的能力。其實，我們憂慮的時候，思想會到處亂轉，進而喪失決策分析的能力。然而，當我們強迫自己面對最壞的情況，並且先從精神上接受它，權衡所有可能發生的情況時，我們就可以集中精力解決問題。這種方法非常好，所以我一直在使用它。現在，我的生活中幾乎不再有任何煩惱。」

開利發明的這個方法為什麼有這麼大的價值，如此實用？從心理學的角度來講，它可以把我們從巨大的灰暗雲層中拉出來，使我們的雙腳穩穩地站在地面上。假如我們腳下沒有結實的土地，又怎麼可以把事情做好？

應用心理學之父威廉・詹姆斯教授已經去世多年，假如他活到今天，聽說了這個公式也一定會深為讚賞的，因為他曾經說：「接受既定事實，是克服隨之而來的任何不幸的第一步。」

一位哲學家曾經說：「心理上的平靜能頂住最壞的境遇，能讓你煥發新的活力。」這句話太正確了。接受最壞的結果後，我們就不會再損失什麼了，這表示失去的一切都有希望挽回。

可是，生活中還有成千上萬的人因為憤怒而毀了生活，因為他們拒絕接受最壞的境況，不肯從災難中搶救出一些有用的東西，沒有信心構築自己新的大廈，反而成為憂慮症的犧牲者。

你是否願意看看其他人對開利公式的運用實例？以下這個例子是我班上的一個學生的自述，目前他是紐約的一個石油商人。

我被勒索了，我不相信這種事情會發生，更不相信這種事情會發生在電影以外的現實生活中，但是我真的被人勒索了。事情的經過是這樣的：我的公司有好幾輛運油的卡車和幾個司機。當時，物價管理委員會的條例管得很嚴，我們只能送給每一個顧客有限的汽油。最初，我不知道事情的真相，但是確實有一些送油司機私下裡減少顧客的油量，然後再把偷下來的油私自賣給其他人。

有一天，一個自稱是政府調查員的人來找我，向我索要紅包。他說他擁有我們送油司機違法舞弊的證據。他還威脅我說，如果我不答應他的要求，他就把這些證據轉交給地方檢察官。此時，我才發現公司有這種違法交易。我不必擔心什麼，因為這件事情與我無關。但是，我也知道法律規定，公司應該對自己員工的行為負責。我知道如果官司捅到法院，公司的壞名聲就會砸了我的生意。其實，我對自己的生意非常驕傲，那是我父親在二十四年前打下的基礎。

我心裡非常矛盾，非常擔心，於是很快就病了，接連三天三夜吃不下、睡不著。我一直在擔心那件事情，內心非常害怕。於是，我決定付五千美元給那個人，但是我一直非常擔心，我下不了決定，並且每天都做噩夢。

後來，在一天晚上，我碰巧拿出一本小書《如何不再憂慮》，這是我聽卡內基公開演說時領到的。我開始閱讀它，讀到開利的故事，裡面說「面對最壞的情況」時我問自己：「如果我不肯向那傢伙付錢，他把證據交給地方檢察官，可能發生的最壞情況是什麼？」

答案是：「這將會砸了我的生意——最壞也就是這樣。但是我不會被關起來。可能發生的事就是我將被這件事情毀了。」

於是，我對自己說：「好吧，即使生意毀了，但是我可以接受這個局面，接下來又會怎樣？」生意毀了之後，我也許要去找一份工作。這也不是一件壞事，因為我對石油瞭解很多，有幾家大公司可能會樂意雇用我。於是，我開始覺得好多了。隨後的幾天，我的憂慮開始逐漸消除。我的情緒也穩定下來，而且也可以思考了。

我清醒地看到第三步——改善最壞的情況。於是，我決定找到我的律師，把這件事情告訴他，我想他可能會幫我找到一條我從來都沒有想到的對策。我知道這聽起來似乎很笨，但是我確實一點辦法也沒有。我承認起初自己沒有好好思考，只是一直在擔心此事。我決定第二天一大早就去見我的律師。這天晚上我睡得很踏實。

但是，第二天早上，我的律師竟然叫我去見地方檢察官，並且把整個經過告訴他，我按照他的建議去做了。當我說出事情經過之後，出乎意料地聽地方檢察官說，這種勒索案已經連續出現幾個月，那個自稱是「政府調查員」的人，實際上是警方正在通緝的罪犯。我因為無法決定是否該把那五千美元交給這個罪犯而擔心三天三夜之後，聽到他的這番話，我大大鬆了一口氣。

這次經歷給我上了永遠難忘的一課。現在，每當我面臨讓我憂慮的難題時，我就會使用開利的萬靈公式。

綜上所述：

如果你有擔憂的問題，就應用開利的萬靈公式，這樣就可以獲得平安快樂。

克服憂慮的心理

很久以前的一天晚上，一個鄰居來按我的門鈴，讓我們全家去接種牛痘，預防天花。我的鄰居是整個紐約市中幾千名去按門鈴的志願者之一。大約有兩千名醫生和護士夜以繼日地忙碌著為大家種牛痘。種牛痘站不僅設在所有的醫院，還設在消防隊、警察局和大的工廠裡。為什麼會如此熱鬧？原來，紐約市有八個人罹患天花——其中兩個人死了——八百萬的人口裡死了兩個人。

我已經在紐約住了三十七年，可是至今還沒有一個人來按我的門鈴，警告我預防精神上的憂鬱症——這種病在過去三十七年的時間裡，所造成的損害，恐怕比天花至少要大一萬倍。

從來沒有人來按門鈴告誡我，當今生活在世界上的人，每十個人之中，就會有一個人面臨精神崩潰，主要的原因就是憂慮和感情衝突。

現在，我寫這一章，就等於來按你的門鈴警告你。前些日子，我見到了費城著名醫學專家西伊士萊•布南博士。在他候診室的牆上，掛著一塊木牌，上面寫著他給病人的忠告：

輕鬆和享受

最可以使你輕鬆愉快的是：
健全的信仰、睡眠、音樂和歡笑；
對上帝要有信心要學得能睡得安穩；
喜歡動聽的音樂幽默地看待生活；
健康和歡樂就會屬於你。

是什麼問題導致人們產生思想上的壓力？所有的疾病，互相之間都有聯繫，它們是親戚，甚至是近親——因為它們都是由於憂慮而產生的。

女明星梅爾・奧伯倫告訴我，無論怎樣，她絕對不會憂慮，因為憂慮會摧毀她在銀幕上的極珍貴的資本——美貌。她告訴我：「我剛開始進入影壇時，既擔心又害怕。那個時候，在倫敦沒有一個熟人。我聯繫過幾個製片人，可是沒有一個要用我，我僅有的一些積蓄也用光了。整整兩個星期，我只靠一點餅乾和水充饑。我問自己：『也許你是一個傻子，你永遠也不可能成功・你沒有經驗，沒演過戲。除了一張漂亮的臉蛋，你還有什麼？』

「在我照鏡子時，突然發現到憂慮對我容貌的影響。我看見我的臉上開始有憂慮造成的細細的皺紋，看見我焦慮的表情。於是，我對自己說：『你必須立刻停止憂慮。你可以奉獻給觀眾的只有容貌，而憂慮會毀掉它的。』」

確實，沒有什麼會比憂慮更能令女人老得更快，並且可以摧毀她們的容貌。憂慮會使我們咬緊牙關，會使我們的表情呆板；會使我們頭髮灰白，甚至脫落；憂慮會使你臉上出現雀斑、潰爛和粉刺，會使我們臉上出現皺紋，會使我們愁眉苦臉，它會無形中摧毀最美的容顏。

幾年前，在一次度假的時候，我和郭伯爾博士一同乘車經過德州和新墨西哥州。郭伯爾博士當時任聖塔菲鐵路的醫務處長，他的正式頭銜是海灣——科羅拉多——聖塔菲聯合醫院主治醫師。我們正談到憂慮對人的影響時，他說：「那些來看病的人之中，有七〇％只要可以消除他們的恐懼和憂慮，病也就會自然好起來。因為他們都是內心自以為生了病。」「他們的病就像你有一顆蛀牙一樣，有時候甚至比這要嚴重上百倍。這種病就像神經性的消化不良、某些胃潰瘍、心臟疾病、失眠、頭痛，和某幾種麻痺症等一樣嚴重。」

郭伯爾博士說：「以上這些病都是真的，我不是在胡說，因為我自己就得過十二年的胃潰瘍。其實，這些病本來是可以避免的。恐懼使你憂慮，憂慮使你緊張，並影響到你的胃部神經，使你胃裡的胃液變得不正常。於是，由此而產生胃潰瘍。」

梅奧醫院的阿法瑞蘇博士說：「胃潰瘍症狀，通常會根據你的情緒緊張程度而發作或消失。」

他的這種理論，在研究梅奧醫院一萬多例胃病患者的病例記錄之後，得到證實。研究發現，每五個人之中，有四個人不是因為生理上的原因而得的胃病。相反地，恐懼、憂慮、怨恨、極端自私，以及無法適應現實生活，才是他們得胃病和胃潰瘍的根本原因——胃潰瘍會讓你致死。

約瑟夫・孟坦博士曾經寫過一本書《神經性胃病》，也闡述過同樣的道理。他說：「胃潰瘍的產生，有時候不是因為你吃了什麼，而是因為你的憂愁所致。」

梅奧兄弟宣稱，醫院裡一半以上的病床上，躺著的是那些有神經疾病的人。但即使是用最細微的顯微鏡，以最現代的方法來檢查他們的神經時，卻發現他們大多數都非常健康。他們「神經上的疾病」，不是因為神經本身有什麼反常之處，而是因為他們在情緒上表現出憂慮、挫折、悲觀、煩躁、恐懼、焦急、頹喪。柏拉圖曾經說：「醫生所犯的最大錯誤，就是他們只為病人治療身體，卻不為他們醫治思想。可是精神和肉體是一體的，不能分別治療。」

梅奧醫院的哈羅・海賓博士曾經在全美工業界醫生協會的年會上宣讀一篇論文，說他研究一百七十六位平均年齡為四四・三歲的工商業負責人的情況。他報告說：大約有三分之一以上的人，由於生活過於緊張而導致下列三種病症——心臟病、消化系統潰瘍和高血壓。你想想，在工商業的負責人之中，竟然有三分之一以上的人都患有這些病！他們都還不到四十五歲，可見成功的代價是多麼高啊！就算他可以贏得整個世界，可是他損失自己的健康，對他個人來說，有什麼好處？即使他擁有全世界，可是他一個人也只能睡在一張床上，一天也只吃三餐。針對這一點而言，依我看來，擁有幾百萬美元財產的富翁，他的成功還不如我父親的一半。我父親是密蘇里州的一個農夫，儘管他一文不值，卻活到八十九歲高齡。

曾經榮獲諾貝爾醫學獎的亞歷克西・卡雷爾博士說：「不知道如何抗拒憂慮的商人，都會短命而死。」不僅僅是商人，家庭主婦、獸醫和泥瓦匠也是如此。

隨著醫藥科學不斷地發展，醫學上已經消除由細菌所引起的例如天花、霍亂、黃熱病，以及其他各種曾將數以百萬計的人置於死地的傳染病等可怕的疾病。但是，醫學界一直還不能治療精神和身體方面的、不是由細菌所引起，而是因為情緒上的憂慮、憎恨、恐懼、煩躁，以及絕望所引起的疾病。並且，這種情緒上的疾病所導致的災難正日漸增加，而且越來越普遍，速度又快得令人吃驚。有關人員估計：現在還活著的美國人之中，每二十個人之中就有一個在某個時期得過精神疾病。第二次世界大戰期間應徵入伍的美國年輕人中，每六個人就有一個因為精神失常而不能服役。

這些人精神失常的原因是什麼？沒有人可以給出明確的答案。但是，大多數情況下，這是因為恐懼和憂慮導致的。焦慮和煩躁不安的人，大多難以適應現實世界，以至於和周圍的人沒有溝通，把自己縮到自己的夢幻世界，以此來解決其所有的憂慮。

憂慮的威力是非常強大的，它甚至會令最頑強的人生病。著名的格蘭特將軍在美國南北戰爭的最後幾天，發現這一點。事情是這樣的：

北方的軍隊在格蘭特的帶領下，已經圍攻里奇蒙市九個月，南方李將軍手下的士兵衣衫不整，這支饑餓不堪的部隊被打敗了。甚至有幾個兵團的人都開了小差，其餘的人在他們的帳篷裡祈禱——他們一邊哭一邊叫，看到各種幻象。眼看戰爭就要結束了，李將軍手下的人放火燒了里奇蒙市的棉花和菸草倉庫，還放火燒了兵工廠，然後在烈焰騰空的黑夜棄城而逃。格蘭特率軍乘勝追擊，從左右兩側和後方夾擊南部聯軍，另派輕騎兵從正面截擊，又拆毀鐵路線，繳獲了給南部聯軍運送補給的車輛。

這個時候，格蘭特將軍由於劇烈頭痛而眼睛半瞎，跟不上隊伍，只好停在一個農家前。他在回憶錄中寫道：「我在那裡過了一夜，把我的雙腳泡在加了芥末的冷水裡，還把芥末藥膏貼在我的雙手手腕和後頸上，希望第二天早上可以復原。」

第二天一大早，他果然復原了。可是使他復原的，不是什麼芥末藥膏，而是一個帶回來李將軍降書的騎兵。

格蘭特寫道：「當那個軍士來到我面前時，我的頭還痛得很厲害，但是我看到那封信的內容時，我全部都好了。」

很明顯，格蘭特將軍只是因為憂慮、緊張和情緒不安才生病的。如果他從情緒上恢復自信，想到他的成就和勝利之後，就立刻復原了。

你是否看過一個人的甲狀腺反應過度？我可是看過。我可以告訴你，他們會發抖、會顫慄，看起來就像是嚇得半死的樣子。甲狀腺的功能是調節生理平衡的，如果反常之後，心跳會加速，身體就會亢奮異常，像一個打開所有爐門的火爐，如果不做手術或治療，就很可能會送命，很可能「把他自己燒乾」。

不久以前，我和一個患了病的朋友一同去費城。我們要去拜訪一位專治這種病達三十八年之久的著名專家南斯醫生。他問我朋友的第一個問題就是：「你情緒上有什麼問題導致你出現這樣的情況？」他對我的朋友說，如果你繼續這樣憂慮下去，就可能會染上其他併發症、心臟病、胃潰瘍，或糖尿病等。

這位名醫說：「所有這些病症，都互相有關聯，它們甚至是很近的親戚，他們都是由憂慮所產生的疾病。」

七十年以後，羅斯福總統的財政部長亨利・摩根索也發現，憂慮會使他頭昏眼花。他在日記裡寫道：為了提高小麥的價格，羅斯福總統下令在一天之內買進四百四十萬蒲式耳小麥，這使他感到非常憂慮。他說：「在這件事情沒有結果之前，我頭昏眼花。回到家裡，我吃完晚飯以後只睡了不到兩個小時。」

如果我們想知道憂慮對人會產生什麼影響，大可不必到圖書館或醫院求證。只要從我們現在正坐著的家裡朝窗外看，也許就可以看到在另一條街的一棟房子裡，有一個人因為憂慮而精神崩潰；另一個房子裡，有一個人因為憂慮而罹患糖尿病——因為股票下跌，他的血和尿裡的糖分就會升高。

心臟病現在在美國是頭號殺手。在第二次世界大戰期間，大約有三十多萬人死於戰場上，但是在同一時間，心臟病卻導致兩百萬平民死亡，其中有一百萬人的心臟病是由於憂慮和過度緊張的生活引起的。也是因為心臟病，亞歷克西・卡雷爾博士才說：「不知道如何抗拒憂慮的人，都會短命而死。」

憂慮就像是在不停地往下滴的水珠，而那不停地往下滴的憂慮，通常會使人發狂，甚至自殺。

古時候，殘忍的將軍折磨被捕獲的俘虜時，經常將俘虜的手腳綁起來，放在一個不停地往下滴水的袋子下面。

水滴著……滴著……夜以繼日。最後，這些不停地滴落在頭上的水，似乎聽起來像是槌子在敲擊的聲音，這使那些俘虜精神崩潰，甚至精神失常。這種折磨囚犯的方法，西班牙宗教法庭和納粹德國集中營都曾經使用過。

小時候，我每次聽牧師形容地獄的烈火都嚇得半死，可是我們的牧師卻從來沒有提到，我們此時此地由憂慮帶來的生理痛苦的地獄烈火。

你熱愛生命嗎？你想要健康長壽嗎？以下是奧珍妮的故事：

八年半以前，醫生告訴我將不久於人世，並且會緩慢而痛苦地死於癌症。國內最有名的醫生梅奧兄弟，也證實這個診斷。一切都告訴我，我無藥可救了，死亡之神正向我走來。但是，我想到自己還很年輕，還不想死，我還不能死。在絕望之餘，我打電話找到我的醫生，將我內心的絕望告訴他。他不耐煩地攔住我說：「怎麼了，奧珍妮，難道你一點鬥志也沒有了？你如果一直這樣哭下去，你將必死無疑。不錯，你是碰上最壞的情況。但是，你要面對現實，不要憂慮，讓我們好好想想。」就在這一剎那，我立下重誓，態度嚴肅。當時，指甲都深深地掐進肉裡，而且背上一陣陣發冷，我告訴自己：「我不會再憂慮，我不會再哭泣，如果我還有什麼需要想的，就是我一定要贏！我不能死！我要活下去！我一定要繼續活下去！」

在那之後，雖然我瘦得皮包骨，兩腳重得有如鉛塊，但是我不憂慮，也沒有哭過。我面帶微笑，雖然這是勉強的微笑。但是，我確信，愉快的精神狀態對抵抗疾病一定會有所幫助。總之，我親身經歷了一次癌症治癒的奇蹟。在過去的幾年裡，我從沒有像現在這樣健康過，這都多虧了「面對現實，不要憂慮，讓我們好好想想」這句富於挑戰性和戰鬥性的話。

「不知道如何抗拒憂慮的人，都會短命而死。」想要獲得平安快樂，請記住這條規則：

學會放鬆和享受，不要讓憂慮摧毀我們。

活在真實的今天

一八七一年春天，有一個年輕的生命充滿各種憂慮：擔心畢業以後應該到哪裡、擔心怎樣通過期末考試、怎樣才可以生活、怎樣才可以開業。有一天，他看到一本書，讀到一句對他前途產生莫大影響的話。這使他頓時高興起來，他是蒙特瑞綜合醫院的醫科學生威廉・奧斯勒。

在一八七一年，威廉・奧斯勒所看到的那一句話，使他成為他那一代最為著名的醫學家，促使他創立全世界知名的約翰・霍普金斯醫學院，並且成為牛津大學醫學院的欽定講座教授——這是在英國學醫的人所獲得的最高榮譽，還被英國國王封為爵士，他無憂無慮地過完他的一生。

他在一八七一年春天看到的那句話是什麼？其實，這句話出自湯瑪斯・卡萊爾，「對我們來說最重要的，就是不要看遠方模糊的事情，而要做手邊清楚的事情」。

四十二年之後，在鬱金香開滿校園的一個溫和的春夜，威廉・奧斯勒爵士給耶魯大學的學生做了一次演講。他對學生們說，像他這樣一位曾經在四所大學當過教授，並且寫過一本很受歡迎的書的人，似乎應該有一顆「特殊的頭腦」，但是事實不是這樣。他說他的一些好朋友都知道，他的腦筋是「最普通不過了」。

然而，他成功的秘訣到底是什麼？威廉·奧斯勒爵士認為這完全是因為他生活在「一個完全獨立的今天」。他這句話是什麼意思？就在奧斯勒爵士去耶魯大學演講的幾個月之前，他搭乘一艘大型海輪橫渡大西洋，有一次看見船長站在船舵室中，按下一個按鈕，聽到發出一陣機械運轉的聲音，輪船的幾個部分彼此隔絕開來，成為幾個完全防水的隔離艙。

奧斯勒爵士對那些耶魯大學的學生說：

你們的組織都要比那條大海輪精美得多，要走的航程也遠得多。你們也必須學習那位船長，知道怎樣控制一切，你們要活在一個「完全獨立的今天」，這才是在航程中確保安全的最好方法。到船舵室去，你將會發現那些大的隔離艙至少都可以使用。按下按鈕，用鐵門把過去隔斷——隔斷已經過去的那些昨天；再按下另一個按鈕，用鐵門把未來也隔斷，隔斷那些尚未到來的明天。然後，你就有保險了，可以生活在「和其他的日子完全隔絕的今天」。

要隨時記住：「你有的是今天，切斷過去，埋葬已逝的過去，切斷那些會把傻瓜引到死亡之路的昨天。明天的重擔加上昨天的重擔會成為今天最大的障礙，要把未來和過去都緊緊地關在門外，記住你只有今天，未來就在於今天，沒有明天這個東西。人類得到救贖的日子也就是現在。精神的鬱悶、精力的浪費，都會緊緊跟隨一個為未來擔憂的人。把船前船後的隔離艙都關掉吧，準備養成一個良好習慣，生活在

『完全獨立的今天』。

奧斯勒博士不是要求我們不必為明天而學習，他的意思是說，為明日做準備的最好方法，就是集中你所有的智慧和熱誠，把今天的工作做得盡善盡美，這就是你可以應對未來的唯一方法。

總之，一切都告訴我們，一定要為明天著想，一定要仔細地考慮、計畫和準備，但不要擔憂。

最近，我很榮幸地訪問世界上最著名的《紐約時報》的發行人亞瑟．蘇茲伯格。蘇茲伯格先生告訴我，第二次世界大戰的戰火燃燒到歐洲時，他非常吃驚，對未來充滿憂慮，使得他幾乎無法入睡。他經常在半夜爬起來，拿著畫布和顏料，對著鏡子，想給自己畫一張自畫像。儘管他對繪畫一無所知，但是他還是畫著，以此來穩定自己的情緒。蘇茲伯格先生說，他因為一首讚美詩裡的一段話才消除他的憂慮，進而得到平安。這段話是：

只要一步就好了。
指引我，仁慈的燈光……
請你常在我身旁，我不想看到遠方的風景，
只要一步就好了。

這個「一步」，就是今天，現在所需要做的。

在現在的生活方式中，最可怕的事情是，我們醫院裡一半以上的床位，大多是給那些大腦神經或是精神上有問題的人留著的。他們都是被日漸累積起來的昨天和令人擔心的明天所加起來的重負所壓垮的病人。但是在這些病人中，只要他們能信奉威廉・奧斯勒爵士的這句話「生活在一個完全獨立的今天」，他們今天就可以走上大街，過上快樂而幸福的生活。

大約與蘇茲伯格的同一時期，一位年輕的士兵也學到同樣的一課。

他的名字叫作泰德・本傑明——曾經因為憂慮而幾乎發瘋。泰德・本傑明向我回憶起他的痛苦經歷：

那是在一九四五年的四月，如果戰爭不是在那個時候結束，我想我自己都會崩潰。

當時，我已經筋疲力盡。我在第九十四步兵師擔任士官，工作是建立一份在作戰中死傷和失蹤者的記錄，還要幫忙挖掘那些在戰事最激烈的時候陣亡的、被草草掩埋在墳墓裡的士兵。我得收集那些人的遺物，然後準確地把那些東西送到他們的家人或親友手中。

我一直很擔心，害怕因為我的失誤而給那些失去親人的家屬造成傷害，擔心我是不是能勝任這個工作，擔心自己是不是還可以活著回去，擔心是否還可以把自己的獨生子抱在懷裡——我的兒子已經十六個月，可是我還沒有見過他。

我既憂愁又勞累，整整瘦了三十四磅，而且擔憂讓我幾乎瘋狂。我看著自己瘦得皮包骨，想到自己可能再也回不了家就害怕，我崩潰了，經常像個孩子一樣哭泣，我經常渾身發抖……那一段時間，大約就是在對德軍最後大反攻開始不久，我差一點就想放棄還可以再成為一個正常人的希望。

最後，我住進了醫院。在為我做完徹底的全身檢查之後，一位醫生告訴我，我的問題純粹是精神上的。這位醫生送給我一些忠告，這些忠告徹底改變我的生活。

他說：「我希望你把你的生活想像成一個沙漏，你知道在沙漏裡有成千上萬的小沙粒，它們都慢慢地很均勻地流過沙漏的縫隙。除了弄壞沙漏，你跟我都無法讓兩粒以上的沙子同時通過那條窄縫。你和我以及這個世界上的每個人，都像這個沙漏。每天早上，新一天開始的時候，有成千上萬件的工作，讓我們覺得我們一定要在那一天裡完成。可是如果我們不一件一件地做，讓它們像沙粒通過沙漏的窄縫一樣，慢慢平均地通過這一天，我們就一定會損害到自己的健康。」

醫生把這段話告訴我之後，我就一直奉行「一次只流過一粒沙……一次只做一件事情」這個忠告。這個建議在身心上拯救我，對我目前的工作，也有莫大的幫助。我發現：在生意場上，也有很多和在戰場上類似的問題，一次要做完好幾件事情——但卻沒有多少時間可利用。我們的材料不夠了，我們有新的表格要處理，我們要安排會議，還有地址的變動，分公司的增開和關閉。

我不會再緊張不安，因為我記得那個醫生告訴我的話：「一次只流過一粒沙子，一次只做一件事情。」我經常對自己重複這句話。我的工作比以前更有效率，做起事來也不會再有那種在戰場上幾乎使我崩潰而迷亂的感覺。

有一位女士在克服憂慮之後說：「我成功地克服了自己對孤寂的恐懼和自己對需要的恐懼。我現在很快樂，事業很成功，對生命抱著無比的愛戀。我現在很清楚，無論在生活上碰到什麼事情，我都不會再害怕了，會有秩序地去處理：我現在知道，不必害怕未來；我現在知道，每次只要活一天——而對一個聰明人來說，每一天都是一個嶄新的生命。」

現在，這個女士生活得很快樂，她也可以把握自己的快樂，因為她可以把今天稱之為自己的一天。她在今天感到很安全，可以說：「不管明天多麼糟糕，我已經度過今天。」

這幾句話聽起來似乎是今天的哲人說的，其實是早在兩千年前在基督降生的三十年前，古羅馬詩人賀拉斯早就說過的。這種生活的態度對我們來說，不是一樣有莫大的啟發嗎？

每個人在目前的這個瞬間，都站在兩個永恆的交叉點上——這個點已經永遠地過去，並且延伸到無窮無盡的未來。但是，我們都不可能生活在這兩個永恆之中，哪怕是一秒鐘都不行。如果我們想那樣做，就會毀掉自己的身體和精神。我們要滿足於目前所生活的這一刻。從現在起直到我們上床，無論任務有多重，每個人都可以支撐到夜晚的來臨，無論工作有多麼辛苦，每個人都可以做好他那一天的工作，每個人都可以很耐心、很甜美、很可愛而且很純潔地活到太陽下山，這就是生命的真諦。

人性中最可悲的一件事情，就是所有人都拖延著不去生活，都夢想著在天邊有一座奇妙的玫瑰園，而不能欣賞今天就開放在我們窗口的玫瑰花。

我們為什麼會變成這種傻子，變成這種可憐的傻子？其實，我們人生的短暫歷程是多麼奇怪啊，小孩子說，「等我成為大孩子的時候」，可是又怎麼樣？大孩子說，「等我長大成人之後」。等他真的長大成人了，他又說，「等我結婚以後」。但是等他結了婚，又會怎麼樣？他的想法隨後又變成「等我退休之後」。等退休之後，他再回頭看看他所經歷的一切時，似乎有一陣冷風吹過來，他錯過了一切，而一切又一去不復返。我們總是無法及早學會這個道理：生命就在生活裡，就在每一天和每一刻。

有一個例子，是關於已故的伊凡斯先生的故事。在學會「生命就在生活裡，就在每一天和每一刻」這個道理之前，他幾乎因為憂慮而想自殺。

伊凡斯出生在一個貧苦的家庭，起初以賣報為生，後來在一家雜貨店當店員。之後，由於家裡人多，一家七口人全靠他吃飯，於是他想法找到一個當助理圖書管理員的工作，薪水雖然很少，但是他卻不敢、不願辭職。直到八年之後，他才鼓足勇氣，開始自己的事業。他用借來的五十五美元，做出一番大事業，一年大約賺進兩萬美元。

但是好景不長，厄運不久降臨了。他替一個朋友背負一張面額很大的支票，那位朋友卻破產了。更可怕的是，在此次災禍之後又來了另一次更大的災禍，他存進所有財產的那家大銀行垮了。這次災禍讓他不僅損失所有的錢財，還背負一萬六千美元的負債。他精神上再也承受不住這樣的打擊。他告訴我：「我吃不下，睡不著，罹患一種奇怪的病。其實，沒有其他原因，只是因為憂慮。有一天，我正走在路上時，突然昏倒在路邊，以後就再也不能走路了。他們讓我躺在床上，全身都爛了。傷口逐漸往裡面爛，我連躺在床上都受不了。我的身體越來越弱，最後醫生告訴我，我只能活兩個禮拜。這個消息讓我大吃一驚。之後，我寫好遺囑，就躺在床上等死。當時，我知道，掙扎或擔憂都沒有用，所以我只好放棄，開始放鬆下來，閉目休息。連續幾個星期，我都睡不到兩個小時。但是因為這個時候，我認為一切困難就快要結束了，我睡得像個孩子。那些令人疲倦的憂慮也逐漸消失了，我的胃口變好了，體重也開始增加。

此時，我的病情也沒有像醫生所說的那樣惡化，幾個星期之後，我就可以拄著拐杖走路。六個星期之後，我就可以回去工作。以前我一年賺過兩萬美元，但是現在能找到一個星期三十美元的工作，我就很滿足了。現在，我的工作是推銷運輸汽車輪子後面的擋板。此時我已經學會了不再為過去發生的事情後悔，不再害怕將來，不再憂慮。我把我所有的精力、時間和熱誠，都放在推銷擋板上。」

伊凡斯的進步非常快，沒有幾年就成為伊凡斯工業公司的董事長。多年以來，這家公司一直在紐約股票市場交易所進行交易。如果你搭乘飛機去格陵蘭，很可能降落在伊凡斯機場，這個機場是為了紀念他而命名的。但是，如果他沒有學會「生活在完全獨立的今天」，伊凡斯絕對不可能獲得這樣的成就。

「這裡的規矩是，明天可以吃果醬，昨天可以吃果醬，但今天不能吃果醬。」這是白雪皇后所說的。我們大多數人也是這樣：為昨天的果醬煩惱，為明天的果醬煩惱，卻不會把今天的果醬厚厚地塗抹在我們正在吃的麵包上。

法國偉大的哲學家蒙田也曾經犯過同樣的錯誤，他說：「在我的生活中，曾經充滿可怕的不幸，那些不幸以前大多數從來沒有發生過。」我的生活和你的生活，也都是如此。

但丁說：「想一想，這一天永遠不會再來了。」生命正在以令人難以置信的速度快速流逝，我們在空間上正在以每秒十九英里的速度跑過，但今天才是我們最值得珍惜的，也是我們唯一能真正把握的時間。

所以，對於憂慮，你應該知道的第一件事情就是，如果你不希望它干擾你的生活，就要學習威廉・奧斯勒爵士「用鐵門把過去和未來隔斷，生活在完全獨立的今天」。

我們要相信：

活在一個真實的今天，才會獲得平安快樂。

勿存報復之心

幾年前的一個晚上，我遊覽黃石公園，並且與其他觀光客一起坐在露天座位上。面對茂密的森林，我們期待看到森林殺手灰熊的出現。果然，那個健壯的身影出現了，牠走到森林旅館丟棄的垃圾中翻找食物。這個時候，騎在馬上的森林管理員告訴我們，灰熊在美國西部幾乎是所向無敵的，大概只有美洲野牛及阿拉斯加熊例外。但是我發現，只有一隻小動物隨著灰熊走出森林，牠只是一隻很臭的鼬鼠。灰熊不僅沒有一巴掌把牠毀掉，而且還容忍牠在旁邊分一杯羹，牠為什麼要這樣做？因為經驗告訴牠，不划算。

我也發現這一點。我在農場長大，小時候曾經在圍籬旁邊捉到過一隻臭鼬。到了紐約，也在街上碰到過幾隻兩條腿的「臭鼬」，經驗告訴我，有兩種情形都不值得碰。

如果我們對敵人心懷仇恨，就表示我們要付出比對方更大的力量來擊垮自己，使他得以有機會控制我們的睡眠、胃口、血壓、健康，甚至心情。如果我們的敵人知道他給我們這麼大的麻煩，他一定要高興死了！憎恨傷不了對方一根汗毛，卻把自己的日子弄成煉獄。在紐約警察局的布告欄上曾出現過這樣一段話：如果有一個自私的人佔了你的便宜，把他從你的朋友名單上刪除，千萬不要去報復。如果你心存報復，你對自己的傷害將會比對任何人的都要大得多。

最近，我的一個朋友心臟病嚴重發作，醫生要求他躺在床上，無論發生任何事情都不能生氣。醫生都知道患有心臟衰竭症的人，一發怒、生氣就可能送命。幾年前，在華盛頓州的斯波坎城，有一家餐館的老闆因為生氣致死。我面前現在就有一封寄自華盛頓州斯波坎城警察局局長傑瑞的信。他在信中說：「幾年以前，六十八歲的威廉・崔堪伯在斯波坎城開了一家餐館。因為他的廚師堅持用茶碟喝咖啡，而將他活活氣死。當時，那家餐館的老闆非常生氣，抓起一把左輪手槍去追那個廚師，結果因為心臟病發作而倒地死去——他手裡還緊緊地抓著那支手槍。驗屍官報告說：他因為憤怒而導致心臟病發作。」

其實，當我們痛恨我們的仇人時，就等於給他們取勝的力量。那種力量可以影響我們的血壓、我們的食欲、我們的睡眠、我們的健康和我們的快樂。如果我們的仇人知道他們是如何讓我們擔心，讓我們煩惱，讓我們一心只想報復，他們一定會高興得手舞足蹈的。實際上，我們心中的恨意完全傷害不到他們，但是這種恨意卻使我們的生活變成地獄。

我們要隨時記住：如果是自私的人想佔你的便宜，就不必理睬他，更不必報復他。當你想跟他扯平的時候，你對自己的傷害，遠比對那傢伙的傷害更多。其實，報復對我們傷害的地方很多。就如以上所說的那樣，報復會損害你的健康。《生活》雜誌說：「高血壓患者的主要特徵，就是容易憤怒。憤怒不止，長期性高血壓和心臟病就會隨之而來。」

當你說「要原諒七十個七次」的時候，這正是在教導我們如何避免患高血壓、心臟病、胃潰瘍和其他許多疾病。我想，你也和我一樣認識一些女性，她們的臉頰因為怨恨而布滿皺紋，因為悔恨而變了臉形，甚至表情僵硬。不管她們如何做美容，使容貌如何美麗，也不能讓她的心裡充滿溫柔、寬容和愛。

怨恨之心甚至會毀壞我們享受食物的美味。聖人說：「懷著愛心吃蔬菜，會比懷著怨恨吃牛肉要好得多。」

我們要試著去愛我們的仇人。即使我們不能愛我們的仇人，我們至少也要愛自己。我們不能讓仇人控制我們的健康、我們的快樂和我們的外表。正如莎士比亞所說的：「不要因為你的敵人而燃起一把怒火，結果卻燒傷你自己。」

耶穌說我們應該原諒我們的仇人「七十個七次」的時候，他也是在教導我們如何做生意。有一個例子，這是一封喬羅納給我寄來的信，他住在瑞典的烏普薩拉。喬羅納在維也納當了很多年的律師，在第二次世界大戰期間逃到了瑞典，身無分文，急需找一份工作。因為他會說並且可以寫好幾國語言，所以希望在一家進出口公司找一份秘書的工作。但是絕大多數公司都回信告訴他，因為現在正在打仗，他們不需要這一類人，但是他們會將他的名字存在檔案中。然而，有一個人回信給喬羅納：「你完全不瞭解我的生意。你既蠢又笨，我根本不需要任何人來為我寫信。即使我需要，也不會找你，因為你甚至寫不好瑞典文，你的信裡全是錯字。」

喬羅納看到這封信的時候，簡直快要氣瘋了。喬羅納看著那個瑞典人寫的信，心想：你寫的信就錯誤百出，竟然還寫信來說喬羅納不會瑞典文，是什麼意思？於是喬羅納也想寫一封信，使那個人大發一頓脾氣。可是他想了想，接下來對自己說：「我怎麼知道這個人說的不對？我學過瑞典文，可是這不是我的母語，也許我確實犯了許多我不知道的錯誤。如果他說的是事實，我想要得到一份工作，就必須再努力學習。這個人可能會幫我一個大忙，所以我應該給他寫封信，對他表示感謝。」

於是，喬羅納撕毀他剛寫好的那封罵人的信，另寫了一封信。在信中，他寫道：「你這樣不麻煩地寫信給我，實在是太好了，尤其是你不需要一個替你寫信的秘書。我弄錯了貴公司的業務，對此我深感抱歉。我之所以寫信給你，是因為我向別人打聽到你，別人把你介紹給我，因為他說你是這一行的領袖人物。我不知道我的信中犯了些語法錯誤，我對此深感慚愧，也很難過。現在我打算更努力地學習瑞典文，改正我的錯誤，謝謝你幫助我走上改進之路。」

幾天之後，喬羅納收到那個人的回信，他請喬羅納去他那裡。喬羅納去了，而且得到一份工作，他非常高興。自此，喬羅納明白「溫和的回答能消除怒氣」。

我們可能不能像聖人那樣愛我們的仇人，但為了自己的健康和快樂，我們要原諒他們，忘記他們。如果我們能這樣做，實在是明智之舉。

我經常站在加拿大賈斯珀國家公園裡，仰望以艾迪絲・卡維爾的名字命名的山，這可能是西方最美麗的山。它是為了紀念一位在一九一五年十月十二日被德軍行刑隊槍斃的護士。她犯了什麼罪？因為她在比利時的家中收容和看護了許多受傷的英、法士兵，還幫助他們逃往荷蘭。在那個十月的一天早晨，一位英國教士走進她所在的牢房裡，為她做臨終祈禱。當時，她說了兩句後來刻在她紀念碑上的不朽的話：「我知道只有愛國還不夠，我一定不能敵視或怨恨任何人。」四年之後，她的遺體運送到英國，在西敏寺大教堂舉行安葬儀式。我曾經在倫敦待過一年，經常去國家肖像畫廊看艾迪絲・卡維爾的雕像，同時朗讀她這兩句不朽的名言：「我知道只有愛國還不夠，我一定不能敵視或怨恨任何人。」

有一次，我曾經問伯納德・巴魯克（他曾經擔任威爾遜、哈定、柯立芝、胡佛、羅斯福和杜魯門六位總統的顧問），他會不會因為敵人的攻擊而使他難過？「沒有任何人可以羞辱我或干擾我，」他回答，「我不會讓他們得逞的。」我還問艾森豪將軍的兒子約翰，他父親是否一直懷恨別人。他回答：「不，我父親從來不為那些不喜歡的人而浪費他一分鐘。」

有一句老話說得好：「不會生氣的人是笨蛋，不生氣的人才是聰明人。」

德國偉大的哲學家叔本華認為，生命就是一種毫無價值又充滿痛苦的冒險，當他走過生命中每一刻的時候，全身似乎都散發著痛苦，可是在他絕望的深處，「如果可能，不應該對任何人產生怨恨」。

有一個很有效的方法，可以使我們原諒和忘記那些誤解和錯對自己的人，那就是：讓我們去做一些絕對超出我們能力以外的事情，我們遭受的侮辱和敵意就會變得無關緊要。只有這樣，我們才不會浪費精力去計較理想之外的事情。

在一九一八年，密西西比州松樹林裡發生一件極富戲劇性的事情，差點引發一次火刑，黑人講師勞倫斯・瓊斯差點被燒死了。幾年前，我曾經去看過由勞倫斯・瓊斯創立的一所學校，還給全體學生做了一次演說，現在那所學校可稱得上全國皆知，但是以下這件事情卻發生在很早以前。

在第一次世界大戰期間，密西西比州中部流傳著一種謠言，說是德國人正在唆使黑人起來造反。而那個將被燒死的勞倫斯・瓊斯就是黑人，有人控告他帶領族人造反。但是，一大群在教堂外面的白人則聽見勞倫斯・瓊斯對人們大叫：「生命，就是一場戰鬥！每個黑人都要穿上盔甲，以戰鬥來求得生存和成功。」

當時，一般人的感情很容易衝動。「戰鬥」、「盔甲」足夠了。於是，這些年輕人趁夜衝出去，糾集了一大群暴徒，回到教堂，拿了一根繩子捆住這個傳教士，將他拖到一英里地以外，讓他站在一大堆乾柴上面，並且點燃柴堆，準備一邊用火燒他，一邊把他吊死。

正在這個時候，有一個人叫起來：「在燒死他之前，我們要讓這個喜歡多嘴的人說話。說話啊！說話啊！」

勞倫斯・瓊斯站在柴堆上，脖子上套著繩索，為他的生命和理想發表一篇演說。勞倫斯・瓊斯一九〇〇年畢業於愛荷華大學，他純真的性格和學問，以及他在音樂方面的才華，使得所有的老師和學生都非常喜歡他。

大學畢業之後，勞倫斯・瓊斯拒絕一個旅館留給他的職位，還拒絕一個有錢人資助他繼續深造音樂的計畫。這是為什麼？因為他有非常崇高的理想。當他讀完布克爾・華盛頓的傳記時，他決心獻身於教育事業，去他的族人當中教育那些因為貧窮而沒有受過教育的人。所以，他回到南方最貧困的地方，也就是密西西比州灰克鎮以南二十五英里的一個小地方。用他的手錶當了一・六五美元之後，就在樹林中用樹樁做桌子，辦起了他的露天學校。

勞倫斯・瓊斯對那些憤怒的、正想要燒死他的人講述他所做過的各種奮鬥。他講述一些白人曾幫助他建立這所學校，幫助他繼續辦他的教育事業。

之後，有人問勞倫斯・瓊斯，他是否會恨那些拖他出去準備吊死和燒死他的人？他回答，他正忙於實現他的理想，根本沒有時間去恨別人。他說：「我沒有時間和別人吵架，我沒有時間去後悔，也沒有任何人能強迫我將自己降低到恨他的地步。」

勞倫斯・瓊斯當時的態度非常誠懇，他絲毫不為自己乞求憐憫，令人感動。一些立場居於中間的人瞭解他的理想，於是這些暴徒開始冷靜下來。有一個曾經參加美國南北戰爭的老兵說：「我相信這個孩子是在說真話。我認識那些由他提拔上來的白人，他是在做好事。我們錯了，我們應該幫助他，而不是吊死他。」然後，那位老兵取下他的帽子，在人群中傳遞，從那些本來準備燒死這位教育家的人群裡，募集到了五五・四美元，並且交給一個曾經說「我沒有時間和別人吵架，我沒有時間去後悔，也沒有任何人能強迫我將自己降低到恨他的地步」的人——勞倫斯・瓊斯。

愛比克泰德在一九〇〇年前曾經指出，我們會種因得果，無論如何，命運總會讓我們為自己的過錯付出代價。每個人都會為他自己所犯的錯誤付出代價。可以記住這一點的人，就不會對任何人生氣，也不會和任何人爭吵，不會辱罵別人、斥責別人、侵犯別人、痛恨別人。

我們要牢記《聖經》中的一句話：「愛你們的仇人，善待恨你們的人；詛咒你的，要為他祝福；凌辱你的，要為他禱告。」我父親按照這些話去做了，也使他的內心得到一般官員和君主無法得到的平靜。不要把時間浪費在去想那些我們不喜歡的人，那樣只會深深地傷害自己。

要培養內心的平安與快樂，請記住：

永遠不要對敵人心存報復，那樣對自己的傷害將會大過對任何人。

施恩不圖報

古代聖賢說：「憤怒的人，心裡都會充滿怨恨。」最近，我在德州遇到一個商人，這個商人正為某事而發怒。有人告訴我，只要我認識他不到一刻鐘，他就會原原本本地將事情告訴我。果不其然，令他生氣的那件事情是在十一個月以前發生的，但是他的火氣還是大得嚇人，簡直抑制不住不談那件事情。那件事情是這樣的：他給三十四位員工總共發了一萬元的年終獎金，卻沒有一個人感激他。他很傷心地埋怨說：「我實在後悔莫及，應該不給他們一分錢。」

這個人的內心充滿怨恨。這個商人大約六十歲，也許還可以活十四五年，但是卻浪費了將近一年的時間，去抱怨已經發生的事情。實在太可惜了！

說實話，我很同情這位商人，他不應該總是陷入怨恨與自憐之中，他應該問問他自己，為什麼沒有人感激他？也許是員工認為年終獎金不是什麼禮物，而是他們憑勞動賺來的；也許是他平時給員工支付的薪水太低，分給他們的工作卻太多；也許是他們認為他之所以給大家年終獎金，是因為這些收益的大多數要拿去交稅；也許是他平常對人太挑剔，太苛刻，所以沒有人敢或是願意感謝他。

從另一方面來說，那些員工也許都很卑劣，很自私，很不講禮貌。也許是這樣，也許是那樣，這些都是我們的猜測。我和你一樣不知道事情的真相，但是塞繆爾・詹森博士曾經說：「感激別人的恩惠是良好教育的結果，這很難在一般人之中找到。」

我在這裡想說的是，某個人希望別人感激他的恩德，這犯了一般人共有的毛病，他完全不瞭解人性。試問，如果你救了某人性命，你是不是希望他感激你？可能會。萊博維茲在擔任法官之前，是一個有名的刑事律師，他曾經救過七十八個人的生命，使他們不必坐上電椅被處死。在這些人之中，有多少人感激萊博維茲？猜猜看，有多少？說實話，一個也沒有！耶穌曾經在一個下午為十個痲瘋病患者治好了病，可是這些人之中有幾個向他道謝？只有一個。耶穌轉身問他的門徒「那九個人在哪裡」的時候，他發現那九個人連「謝謝」都沒有說一聲就走了。

如果你給一位親戚一百萬美元，你是否希望他感激你？安德魯・卡內基曾經做過這樣的事情。可是，如果安德魯・卡內基可以從墳墓裡爬出來，死而復生，他一定會吃驚地發現他的那位親戚正在咒罵他。為什麼？因為卡內基捐給公共慈善機構三・六五億美元——這使得他那位親戚怪他「只給了一百萬美元」。

查理斯曾經告訴我，有一次他救了一位挪用銀行公款的出納員。那個人用公款投資股票，舒溫博用自己的錢救了那個人，使他不至於受罰。結果那位出納員感激他了嗎？他確實感謝了一段時間，但是他很快就轉過身來辱罵和批評這個曾經使他免於牢獄之災的人——查理斯。

這裡想問一個問題：為什麼每個人都希望在對別人施了一點小恩小惠之後，就想要得到比耶穌更多的感謝？

其實，人終究是人，人的本性是不會改變的。在他的有生之日大概都不會有什麼改變，既然對人施恩就不要希望得到回報，那是不可能的事情。不管你信不信，事情就是這樣。所以，我們為什麼不接受這個事實？曾經統治古羅馬帝國的那個聰明的馬可・奧里略就認清了這個現實，他曾經在日記中寫道：「我今天就要去見那些多嘴多舌的人——那些自私的、以自我為中心的、絲毫不知感激的人。可是我對此既不吃驚，也不難過，因為我無法想像，一個沒有這種人的世界將是什麼樣的。」

這句話很有道理！如果一個人總是埋怨別人不感激自己，你應該怪誰？是怪人性如此，還是怪我們不瞭解人性？其實，當我們施恩時，如果我們偶然得到別人的感激，那是一種意外之喜；如果我們得不到這種感激，也不必為此而難過。

我認識一個住在紐約的女人，她經常因為孤獨而不停地抱怨，她的親戚沒有一個願意親近她。這實在很奇怪，為什麼沒有一個親戚願意親近她？原因很簡單，主要是因為，當別人去看望她時，她就會連續不停地說她對其侄女有多好，在她們患麻疹、腮腺炎和百日咳的時候都是她照顧她們；多年來她給她們提供吃住，還幫其中一個上完了商業學校，另一個也一直在她家住，直到結婚。

這個女人沒有必要抱怨，其侄女為了盡義務也來看過她。但是，後來她們都怕來看她，因為她們知道自己來了以後必須在那裡坐幾個小時聽她旁敲側擊地罵人，還得聽她那毫無休止的埋怨和自憐的嘆息。並且，這個女人再也無法威逼利誘她的侄女來看她的時候，她就使出另一件「法寶」——心臟病發作。

當然，她不是真的心臟病發作。是的，醫生都說她有一個「很神經的心臟」，才會發生這種病症。但是醫生們也說，他們對她毫無辦法，因為她的問題完全是情感上的。這個女人真正需要的是愛和關切，可是她將此稱之為「感恩圖報」。如果她強求它，並且認為那是她應該得到的，她永遠無法得到感恩和愛。

像她這樣的人，世界上不知有多少。她們都因為別人的忘恩負義、孤獨和被人忽視而患病。她們希望有人去愛她們，但是我們這個世界上唯一可以得到愛的方法，就是不再去乞求，而是立刻開始付出，並且不希望得到回報。

這聽起來很荒謬，很不切實際，很理想化。但這是事實，是普通常識，同時也是讓你和我得到快樂的最好方法。

像以上事例中的情況隨處可見。幾千年來，為人父母者一直為兒女的不知感恩而感到悲傷難過。就連莎士比亞筆下的李爾王也叫道：「一個不知感恩的孩子，比毒蛇的牙齒還要尖利。」

但是，你是否想過，你的孩子為什麼要感激？忘記恩德是人類的天性，就像野草一樣；感恩卻如玫瑰，必須給它施肥澆水，給它教養、愛和呵護。如果你想要得到孩子們的感激，就要教育他們應該那樣。

如果我們的子女忘恩負義，應該怪誰？也許要怪自己。如果我們從來不教他們如何感激別人，又怎麼能希望他們感激我們？

我認識一個人，他住在芝加哥，經常抱怨他的兩個養子對他不知感恩。他的抱怨當然有道理。他在一家紙箱廠工作，娶了一個寡婦，她要他去借錢供她的兩個兒子上大學。他每個星期的薪水只有四十美元，但要買吃的、付房租、買燃料、買衣服，還要償還債務。他這樣苦苦做了四年，從來沒有抱怨過一句。

有沒有人對他表示感謝？沒有，他的太太和那兩個寶貝養子都認為這是理所當然的。兩個養子從來都不認為他們欠養父什麼人情，因此連一句謝謝也沒有說過。

兩個養子不知道感激要怪誰？怪這兩個孩子嗎？可以怪這兩個孩子，但是更要怪那個做母親的，她認為不應該給她的兒子增加「罪惡感」。她不想她的兩個兒子「一開始就欠別人什麼」，所以她從來都不曾告訴他們「你們的養父真是一個大好人，他幫你們讀完大學」。她採取的態度只是「這是他應該做的」。

這位做母親的認為她這樣做有利於她的兩個兒子，但是實際上這是讓他們剛走上人生道路的時候，就產生全世界都欠他們的觀念，這是非常危險的。

我們要謹記：子女的行為完全是由父母造成的。我姨媽薇奧拉就從來不會想到孩子們會對她「忘恩」。在我小的時候，薇奧拉姨媽把她母親接到家裡來照顧，同樣也照顧她的婆婆。現在我閉上眼睛還可以回想起那兩位老太太坐在薇奧拉姨媽家壁爐前的情景。她們會不會給薇奧拉姨媽惹來什麼麻煩？可想而知，肯定會經常有。但是，你從她的態度上一點也看不出來，她很愛這兩位老太太，順從她們，盡可能讓她們過得非常舒適。她從來都沒有想到這樣做有什麼特別的，或是說接兩位老太太來家裡住有什麼值得讚美的。對她來說，這是該做的事，是很自然的，並且也是她希望做的事。當時，她除了照看兩位老人外，薇奧拉姨媽還有六個孩子。

現在，薇奧拉姨媽在哪裡？她已經守寡二十多年，而且六個孩子已經成年，並且擁有屬於他們自己的小家庭。六個孩子都爭著要跟她住在一起，讓她住他們家。她的孩子們非常敬佩她，都不想離開她，這是因為「感恩」嗎？不是，這是愛，是純粹的愛。在這些孩子的童年時代，就懂得愛心的溫暖，現在情形相反了，他們也可以付出愛心，這有什麼值得奇怪的？

所以，我們一定要記住，要教育出感恩圖報的孩子，就一定要自己先懂得感恩。我們的一言一行都非常重要。在孩子面前，不要詆毀別人的善意，也不要說：「看看表妹送的聖誕禮物，都是她自己做的，連一毛錢也捨不得花！」這種反應對我們可能是件小事，但是孩子們卻聽進去了。因此，我們最好這麼說：「表妹準備這份聖誕禮物，一定花費許多時間！她真好！我們得寫信謝謝她。」這樣，我們的子女無意中也會養成讚賞和感激的習慣。

所以，尋求快樂的唯一途徑是：

不要期望別人感恩，並且在付出過程中享受施與的快樂！

隨時懷有感恩的心

《時代雜誌》有一篇報導——一個士官在某地受傷了，他的喉部被碎彈片擊中，一共輸了七次血。他寫了一張紙條問醫生：「我可以活下去嗎？」醫生回答：「可以。」他又寫了一張紙條問：「我還可以說話嗎？」醫生又回答他：「可以。」然後，他又寫了一張紙條問：「我還擔什麼心？」

你為什麼不立刻停下來問問自己：「我還擔什麼心？」

這個時候，你很可能發現自己擔心的事情，實在是微不足道的。其實，在我們生活中大概有九〇%的事情都是對的，一〇%是錯的。如果我們要得到快樂，我們所應該做的，就是把精力放在那九〇%正確的事情上，而不要理會那一〇%的錯誤。如果我們想難過，想擔憂，想得病，我們只需把精力集中在那一〇%的錯事上即可，不必去理會那九〇%的好事。

生活中，我們只需要計算我們所得到的恩惠就可以了，不必要求太多。英國很多新教堂中都刻有「多想，多感激」的字句，這兩句話同樣也應該銘刻在我們心中。

有一次，我問艾迪伯克，當他迷失在太平洋裡，和他的同伴在救生筏上漂流了二十一天，毫無獲救的希望時，他學到的最重要的一課是什麼。他說：「我從那次經驗中所學到的最重要一課，就是如果你有足夠的新鮮水喝，有足夠的食物可以吃，就不要再抱怨任何事情。」

我和哈羅特認識已經有好多年了，他以前是我的教務主任。有一天，他在堪薩斯城碰到我，開車把我送到密蘇里州的貝爾城，即我的農莊。我在路上問他是如何獲得快樂的，他給我講了一個我永遠都不會忘記的故事。

他說：「以前，我經常為很多事情憂慮，但是在一九三四年春天的某一天，我走在韋伯鎮的西道提街，有一件事情使我以後再也不必為自己感到憂慮。這件事情前後只有十秒鐘，但是我在這十秒鐘裡所學到的關於如何生活的知識，比我過去十年裡所學的還要多。」

哈羅特告訴我這個故事的時候說：「我在韋伯城開過兩年雜貨店，我不僅賠光了所有的積蓄，而且還債台高築，花了七年的時間才還清這些債務。我的雜貨店剛在前一個星期關門，我準備去工礦銀行借錢，以便去堪薩斯城找一份工作。當時，我已經完全喪失鬥志和信心，像一個一敗塗地的人那樣在路上走著。正在這個時候，迎面來了一個沒有腿的人，他坐在一個小木板平台上，下面裝著從溜冰鞋上拆下來的滑輪，他兩手各抓著一塊木頭撐著地滑行。我看到他的時候，他剛好過了街，正想把自己抬高幾英寸上到人行道來。就在他翹起那小木板車子時，我們的目光互相對視。他對我咧嘴一笑，很開心地說：『早安，先生！早上天氣真好，是不是？』我站在那裡看著他，才發現自己是如此的富有：我有兩條腿，還可以走路。我對我的自憐感到羞恥。當時，我對自己說：如果他這個缺了雙腿的人都可以做到的事，我也一定能做到。此時，我獲得勇氣，獲得信心，覺得自己的胸膛已經挺直了。我本來只是打算去堪薩斯城試試能否找到一份工作的，但是現在我可以自信地說，我要去堪薩斯城找一份工作；原本，我只是打算向工礦銀行借一百美元，但是我現在有勇氣借兩百美元。結果，我既借到了錢，又找到工作。」

《格列佛遊記》的作者史威夫特曾經說：「世界上最好的三位醫生是節食、安靜和快樂。」你和我每一天的每個小時都可以得到「快樂醫生」的免費服務，只要我們把精力集中在我們所擁有的那麼多令人難以置信的財富上。你願把你的雙腿賣多少錢？你願意以一億美元出賣你的雙眼嗎？還有你的聽覺、你的兩隻手、你的家庭……把你所有的資產加在一起，你就會發現你絕對不會賣掉現在所擁有的一切，即使把洛克菲勒、福特和摩根這三個最富有的家族所擁有的黃金都加在一起也不賣。但是，我們能不能欣賞到這些？可惜的是，我們很難做到。正如叔本華所說的那樣：「我們很少想到我們已經擁有的，而總是想到我們所沒有的。」這可以說是世界上最大的悲劇，它所造成的痛苦可能比歷史上所有的戰爭和疾病都要多。

帕爾瑪就是一個很好的例子。

因為這一點幾乎使帕爾瑪「從一個正常人變成一個脾氣古怪的老傢伙」，也差點毀了他的家庭。這究竟是怎麼回事？我們不妨看看。帕爾瑪先生說：

我從軍隊退伍之後不久，就開始做生意。我日夜不停地忙著，一切都做得很好。然後，問題出來了，我買不到零件和原料。我擔心自己可能會被迫放棄生意，於是很快由一個普通人變成一個脾氣很壞的人，變得非常尖酸刻薄。這裡要解釋一下，當時我不知道，現在才明白，我幾乎失去我那個充滿快樂的家。有一天，一位在我這裡工作的年輕傷兵對我說：「約翰，你實在應該感到慚愧。瞧你這副樣子，好像全世界只有你一個人遇到了麻煩似的。就算你關門大吉，又會怎麼樣？等到事情恢復正常之後，你仍可以東山再起嘛。你有很多值得感激的事，何必總是抱怨。天啊，我真希望我是你！你看我，我只有一條胳膊，半邊臉都受了傷，但是我不抱怨。如果你再這樣沒完沒了地囉唆埋怨下去，你不僅會失去你的生意，還會失去你的家庭、你的朋友和你的健康。」

這位年輕傷兵的這些話使我猛然醒悟，使我發現自己走上歧途。當時，我決定必須改變自己，重新振作，而且我也做到這一點。

生活中應該有兩個目標：第一，要得到你希望得到的，然後在得到它之後要充分享受它。只有最聰明的人，才可以做到第二步。

有一個叫波姬兒・戴爾的女性，就是這樣一個聰明的人。她曾經寫過一本書，該書主要談論令人難以置信的勇氣，很具啟發性。

波姬兒・戴爾失明達五十年之久，她在書中寫道：「我只有一隻眼睛，而眼睛上還滿是疤痕，只能透過眼睛左邊的一個小洞來看外界。看書的時候必須將書本移到離我的臉很近的地方，而且不得不把我另一隻眼睛往左邊斜過去。」

雖然她身體上有所殘缺，但是她拒絕別人對她的憐憫，她更不願意別人認為她「與常人不同」。小時候，她想和其他小孩一起玩跳房子的遊戲，可是她看不見畫在地上的線。於是，她在其他孩子都回家以後，一個人趴在地上，把眼睛貼在地上尋找察看。她看得非常仔細、認真，把那個地方的每一處都牢記在心，所以不久之後，她就成為玩跳房子遊戲的高手。在家中看書時，她把印有大字的書靠近自己的臉，幾乎連眼睫毛都碰到書頁上。她的付出最終獲得收益，她獲得兩個學位：先在明尼蘇達州立大學獲得學士學位，而後又在哥倫比亞大學獲得碩士學位。

由於身體上的殘缺，她也有恐懼感。她在書中寫道：「在我的腦海深處，經常懷著一種擔心完全失明的恐懼。為了克服這種恐懼，我對生活採取了一種快樂而幾近戲謔的態度。」但是在一九四三年，也就是她五十二歲的時候，奇蹟發生了。她去著名的梅奧醫院做了一次手術，使她的視力比以前清楚了四十倍。

一個可愛的、全新的、令人興奮的世界，展現在她的眼前。現在她發現，即使是在廚房的水槽裡洗盤子，也會讓她覺得很開心。她在自己的書中還寫道：「我開始玩洗碗槽中的肥皂泡沫，我把手伸進去，將一大把小小的肥皂泡沫抓住，把它們迎著光舉起來，從每一個肥皂泡沫裡看到一道小小的彩虹閃現出來的明亮色彩。」

卡內基
遠離焦慮，
擁有快樂生活。

看完這個故事以後，你和我都應該感到慚愧。這麼多年來，我們每天都生活在一個美麗的童話王國裡，但是我們卻無所事事，並且對此視而不見，吃得太飽，而不能享受生活的樂趣。

從今天開始，請把一切悲觀消極的觀念徹底從腦海中刪除，對上蒼賦予我們的一切，永懷感恩之心，珍惜美好的生活。我願用以下的話與親愛的朋友們共勉：

勤於思考並且學會感恩，擺脫自怨自艾的困境，即使你遭遇過上千次的挫折，也要勇敢地數出一千零一個祝福，你的人生必將因此而步入海闊天空的全新境界！

將酸檸檬變成甜檸檬汁

偉大的心理學家阿爾弗雷德・阿德勒花費畢生精力研究人類未曾開發的保留能力之後，認為人類最奇妙的特性之一，就是「把負面改變為正面的力量」。

我在寫這本書的時候，我去芝加哥大學向羅伯特・哈金斯校長請教如何獲得快樂。他告訴我：「我一直都在試著按照一個忠告去做，這是西爾斯公司已故的董事長朱利葉斯・羅森沃德告訴我的。他說：『如果只有檸檬，就做一杯檸檬汁。』」

這位偉大教育家的做法，與傻子的做法正好相反。如果那些傻子發現命運只給他一個檸檬，就會自暴自棄地說：「我完了！這就是命！我沒有任何機會！」然後開始詛咒這個世界，使自己沉溺在自憐之中。聰明人拿到一個檸檬的時候，就會說：「我可以從這件不幸的事情中學到什麼？怎樣才可以改善我的狀況，怎樣才可以把這個檸檬做成一杯檸檬汁？」

在二十世紀，哈里・愛默生・福斯迪克曾經重複這句話：「快樂的大多數不是享受，而是勝利。」不錯，這種勝利來自於一種得意，來自於一種成就感，也來自於我們能將檸檬做成檸檬汁。

我拜訪過一位住在弗吉尼亞州的快樂農夫，他甚至把一個「有毒的檸檬」做成檸檬汁。他當初買下那片農場的時候，非常頹喪。農夫買下的那塊地太差了，既不能種水果，也不能養豬，只能生長白楊樹和響尾蛇。之後，他想出一個好主意，他把所擁有的變成一種資產，要好好利用那些響尾蛇。他的做法讓人很吃驚，因為他開始做起了響尾蛇肉罐頭的生意。幾年前我去看他的時候，我發現每年來這裡參觀他的響尾蛇農場的遊客將近兩萬人，他的生意現在做得很大。我看到從他飼養的響尾蛇口裡取出來的毒液被送到各大藥廠製造蛇毒血清，還看到由響尾蛇肉做的罐頭被運送到世界各地的顧客手裡。我還看到響尾蛇皮以很高的價錢賣出去，用來做女人的皮鞋和皮包。我還買了一張明信片，它上面印有那個地方的照片，我在當地郵局把它寄出去。現在這個村子已改名為弗州響尾蛇村，這是為了紀念這位先生把有毒的檸檬做成甜美的檸檬汁。

有人曾經這樣說：「生命中最重要的，就是不要以你的收入為資本。任何一個傻子都會這樣做，真正重要的，是要從你的損失中獲利。這就需要聰明才智，這一點也是智者和傻子的區別。」

由於我一次又一次地在全國各地來回旅行，所以我見到許多男人和女人表現出他們「把負面變成正面的能力」。

在過去的三十五年裡，我一直在紐約市開設成人教育輔導班。我發現許多成年人最大的遺憾就是他們從來沒有上過大學，他們似乎認為沒有接受大學教育是一大缺陷。其實，這種看法不一定對，因為我就知道成千上萬的成功人士，他們甚至連中學都沒有畢業，但是他們仍然取得成功。我經常給我的學員們講艾爾・史密斯的故事。

艾爾・史密斯的家非常窮，所以他連小學都沒有讀完。他父親去世，還是靠他父親的朋友募捐，才把他父親安葬。他父親死後，他的母親在一家製傘廠上班，一天要做十個小時，還要帶一些工作回家，一直做到晚上十一點。

在這種環境下成長的艾爾，曾經參加由當地教堂舉辦的一次業餘戲劇表演。演出時他覺得非常開心，所以他決定去學演講，而這種能力又引導他步入政壇，三十歲的時候，他就當選為紐約州議員。然而他對這項職務一點準備也沒有，他甚至不知道這是怎麼回事。他開始研究那些他必須投票表決的冗長而複雜的法案。可是，這些法案對他來說，就好像是用印第安文字寫的，他根本看不懂。

他當選為州議會金融委員會委員時，他既驚異又擔心，因為他甚至不曾在銀行開過戶。他當選為森林問題委員會委員時，因為從來沒有走進過森林，他同樣既驚異又擔心。他告訴我，他當時緊張得要向議會辭職，但是他羞於向母親承認他的失敗。在絕望之中，他決心每天苦讀十六個小時，把那種他一無所知的檸檬變成一杯飽含知識的檸檬汁。最終，他成功了，從一個當地的政治家變成一個全國知名的人物，而且使他自己變得更加優秀，以至於《紐約時報》稱他為「紐約最受歡迎的市民」。

有付出必有回報！艾爾・史密斯開始這種自我教育的政治課程十年之後，他成為對紐約州政府一切事物最有發言權的人。他曾經四次當選為紐約州州長，這是一個空前絕後的紀錄。一九一八年，他成為民主黨總統候選人，還有六所大學——其中包括哥倫比亞和哈佛大學，贈給這個甚至連小學都沒有畢業的人名譽學位。

艾爾．史密斯曾經告訴我，如果他當年沒有一天工作十六個小時，把負面轉化為正面，現在所有的一切都不可能發生。

我對那些有成就的人越研究，越深刻地感覺到他們之中有非常多的人之所以成功，是因為他們在剛開始的時候有一些缺陷，這些缺陷會阻礙他們的發展，進而促使他們加倍努力，而得到更多的報償。正如威廉．詹姆斯所說的那樣：「我們的缺陷對我們有意外的幫助。」

有一次去旅行，我遇見一個斷了雙腿的人，他的名字叫福特生。當時，我是在喬治亞州大西洋城一家旅館的電梯裡遇見他。在我進入電梯的時候，我看到這個看上去非常開心卻斷了兩條腿、坐在電梯角落的一張輪椅上的人。電梯正好停在他要去的那一層樓時，他開心地問我是否可以給他讓一下，讓他出去。他說：「對不起，這樣給你添麻煩。」他說這句話的時候，臉上露出一種非常溫暖的微笑。

我走出電梯的時候，一直在想著那個開心的殘障人士，我決定去找他，請他把自己的故事告訴我。

他微笑著告訴我：「事情發生在一九二九年，我砍了一大堆胡桃木樹枝，準備給我菜園裡的豆子做支架。我把那些胡桃木枝條裝在我的福特車上。在開車回家的過程中，突然有一根樹枝滑到車上，卡在引擎中，汽車正在急轉彎。汽車衝出路外，撞在了一棵樹上。我的脊椎受了傷，兩條腿都殘了。出事那年我才二十四歲，從那以後我再也沒有走過一步路。」

福特生二十四歲時就被判一輩子過著依靠輪椅的生活。我問他為什麼可以這麼勇敢地接受這個殘酷的事實，他說自己當時沒有那麼大的勇氣這樣，而且內心充滿怨恨和傷心，抱怨命運的不公。儘管他一天一天地抱怨，但是時間不會為他而停留一分鐘，仍然在一年一年地過去。最終，他發現抱怨不能解決任何問題，只會使事情變得更糟糕。他說：「我終於明白，大家都對我很好，很有禮貌，所以我至少應該做到對別人也有禮貌。」

我問他在經過這麼多年以後，是否還覺得他所碰到的那次意外是一次巨大的不幸。他很快就說：「不，我現在甚至很高興有那一次經歷。」他說，在他克服了當時的懊喪悔恨之後，就開始生活在一個完全不同的世界裡。他開始讀書，並且喜歡上優秀文學作品。在十四年時間裡，他至少看了一千四百多本書，這些書使他開拓全新的視野，使生活比以前更豐富多彩。而且，他還開始欣賞以前讓自己覺得煩悶的偉大交響樂。但最大的變化是他現在有時間去思考。他說：「我有生以來第一次，能讓自己去仔細地觀察這個世界，有了真正的價值觀。我開始明白，我以往所追求的事情，實際上大多數一點價值都沒有。」

現在的福特生已經成為喬治亞州政府的秘書長。雖然，此時他仍然坐在輪椅上，但是看書的結果，使他對政治產生興趣。他開始關注並研究公共問題，坐在他的輪椅上到處演說，並結識了很多人，很多人也由此認識他。現在的福特生活得非常自由、快樂。

還有米爾頓，很可能就是因為雙目失明，才寫出更好的詩篇；海倫・凱勒之所以有輝煌的成就，也許是因為她的瞎和聾；而貝多芬也可能是因為聾了，才可以做出更好的曲子。

創造生命科學基本概念的人——達爾文寫道：「如果我不是有這樣的殘疾，也許我做不了我所完成的這麼多工作。」達爾文坦白地承認，他的殘疾對他有意想不到的幫助。

尼采對超人所做的定義是：「不僅可以在必要的情況下忍受一切，而且還要喜歡這一切。」

如果杜斯妥也夫斯基和托爾斯泰的生活不是那樣充滿折磨，他們也許永遠寫不出那些不朽的著作。

如果柴可夫斯基不是那麼痛苦，而且他那悲劇性的婚姻幾乎使他走向自殺的邊緣，如果他的生活不是那麼悲慘，也許他永遠創作不出那首不朽的《第六號交響曲》。

還有亞伯拉罕・林肯，如果他出生在一個貴族家庭，從哈佛大學法學院獲得學位，並且有幸福美滿的婚姻生活，也許他永遠不可能從他心底深處找到在蓋茲堡發表的不朽的演說，也不會有他第二次施政演說時所說的如詩般的名言——「不要對任何人心存惡意，而是應該喜愛每個人……」這是美國統治者曾經說過的最美也最高貴的話。

假設我們頹喪到了極點，覺得根本無法把檸檬做成檸檬汁，但是只要我們試著化負為正，就會使我們朝前看，而不會朝後看。哈里・愛默生・福斯迪克在《洞視一切》中說：「斯堪地那維亞半島上的居民有一句俗話，我們可以用來鼓勵自己：『北風造就了維京人。』為什麼我們會覺得安全而舒適的生活，沒有任何困難，這些就可以使人變成好人或是得到快樂？正好相反，那些可憐自己的人會繼續可憐自己，他們即使舒舒服服躺在一個大墊子上也不例外。可是在歷史上，一個人的性格和他的幸福卻來自各種不同的環境——好的、壞的，各種不同的環境，只要他們勇於承擔他們個人的責任。所以讓我再說一遍：『北風造就了維京人。』」用肯定的思想來替代否定的思想，就可以激發你的創造力，就可以刺激我們忙得根本沒有時間、也沒有興趣去為那些已經過去和已經完成的事情擔心。

有一次，世界最著名的小提琴家奧雷・布爾在巴黎舉辦一場音樂會，他小提琴上的A弦突然斷了，但是他仍然用另外三根弦演奏完那支曲子。哈里・愛默生・福斯迪克說：「這就是生活，如果你的A弦斷了，就用其他三根弦演奏完曲子。」

這不僅是生活，它比生活更加可貴，這是一次生命的勝利。

如果我可以做到，我會把威廉・波里索的這句話銘刻在銅牌上，掛在每一所學校裡：「生命中最重要的事情，就是不要把你的收入算資本。任何傻子都會這樣做，真正重要的是從你的損失中獲利。這就需要有聰明才智，而這正是智者和傻子的區別。」

所以，要培養可以給你帶來平安和快樂的心理，請記住：

命運給我們一個檸檬的時候，我們要試著做一杯檸檬汁。

每天都要帶給別人快樂

為什麼做一件好事，可以給人帶來這麼大的影響？因為當我們試著使別人高興的時候，就不再會只想到自己。如果只想到自己，就會產生憂慮和恐懼，以及憂鬱症。

偉大的心理學家阿爾弗雷德‧阿德勒經常對那些精神憂鬱症患者說：「如果你遵照我開的處方去做，你的病會在兩個星期之內治好：每天想一想，怎樣才可以讓別人高興。」

這個處方是什麼？阿德勒在《生命對你意味著什麼》一書中寫道：

憂鬱症就像一種長年不止的怒氣，以及對別人的反感，雖然患者只是想要得到照顧、同情、支持，但是他們似乎只是因為內心的愧疚感而抑鬱不樂。憂鬱症患者對早期的記憶通常都是像這樣的：「我記得我想躺在長沙發上，可是我哥哥卻躺在那裡，結果我大聲哭叫，使他不得不走開。」憂鬱症患者通常會用自殺來作為報復的手段，而醫生的第一個治療方法就是要使他們找不到任何自殺的理由。我用來解除他們情緒緊張的方法，也是這種治療方法中的第一條規則，就是建議他們「不要做你不喜歡做的事」。這句話聽起來似乎非常簡單，但是我相信它可以深深觸及這種病的根源。如果一個憂鬱症患者可以做到他想做的所有事情，他還會報復誰？他還會怪別人嗎？

另一種做法，可以更直接地觸動他們的生活方式。我告訴他們：「你可以在兩個星期之內治好病，如果你照我的話去做：就是每天想想如何讓別人高興。」你知道這對他們來說表示什麼嗎？他們滿腦子只是想「怎樣才可以讓別人為我擔憂」，他們的回答都非常有意思。有些人說：「這對我太容易了。我這一輩子都在做這種讓別人高興的事情。」其實，他們從來沒有做過。於是，我會要求他們仔細考慮，但是他們一般都不願去想。這個時候，我就會告訴他們：「當你睡不著的時候，不妨思考怎樣才可以讓別人高興，這樣會大大地改善你的健康。」我第二天再見到他們的時候，就問他們：「你有沒有想過我的建議？」他們有人會回答：「我昨天晚上一上床就睡著了。」在跟他們談這些事的時候，一定要很友善，很誠懇，絲毫不能顯露出優越的神情。

我希望他們可以對別人有些興趣，他們很多人會這樣對我說：「我為什麼要讓別人高興？別人從來不會想到讓我高興。」我告訴他：「你一定要考慮自己的健康，別人以後也會受苦的。」很少會碰到病人說：「我曾經想過你建議的事情。」因為我知道他的病根主要是缺乏合作，我想要使他看到這一點。如果他可以和其他人在平等而合作的基礎上接觸，他的病也就好了。我們都明白，那些對別人毫無興趣的人，在生活中遇到的困難最多，對別人造成的傷害最大。只有對別人感興趣的人，才會擁有快樂，擁有健康。

阿德勒醫生要求我們每天都做一件好事，這裡的「好事」就是先知穆罕默德所說的：「就是可以使別人的臉上露出開心的微笑的事情。」

那些找心理醫生看病的人，只要他們願意幫助別人，大約有三分之一的人都可以自我治癒。著名心理學家卡爾・榮格曾經說：「在我的病人中，大約有三分之一並非真的有病，而是因為他們的生活沒有意義和空虛。」換句話說，他們只是想搭別人的順風車度過一生——可是別人的車子只經過而不會停下來，於是他們去找心理分析家，談論他們那些毫無意義的、微小的又毫無用處的生活。他們上不了船，就只好站在碼頭上，怪這個或怪那個，但是他們絕對不會怪自己，還要求全世界都以他們的欲望為中心。

紐約心理治療中心的負責人亨利・林克說：「依照我的見解來說，現代心理學最重要的發現，就是以科學的方法證明，必須要有自我犧牲精神或是自我約束思想，才可以達到瞭解自我與快樂。」

如果你是一位男士，就可以跳過這一段不看，因為你可能不會有興趣的。這裡講的是一個很不快樂的、滿懷憂慮的女孩如何使幾個男人來向她求婚的故事。這個女孩現在已經是一位祖母。幾年前，我曾經去她家裡做客。當時，我正在她所住的小鎮上演講，第二天早上她又開車送我到五十英里外的地方去搭車，好讓我轉車去紐約中央車站。我們談起如何交朋友的事，她對我說：「卡內基先生，我要告訴你一件我從來沒有跟任何人說過的事情，甚至連我丈夫也不知道的事情。」

她告訴我，她出生在費城一個很窮困的家庭裡，她幼年和少年時的最大悲劇就是她家很貧窮。她說：

「我不能像其他的女孩那樣有許多的娛樂，我的衣服料子從來都不是最好的，加上我長得太快，衣服總是不合身，而且也不是流行的樣式。所以，我一直覺得很丟臉，也很委屈。當時，我經常哭著進入夢鄉。最後，我在絕望之中想出一個方法，就是每次參加晚宴的時候，我都請我的男伴將他自己過去的經驗以及他的一些看法，還有他對未來的計畫告訴我。我當時之所以那樣做，不是因為我對他的話特別感興趣，而是為了不想讓他注意到我穿著難看的衣服。但是，奇怪的事情很快發生了，當我聽這些年輕人跟我談話，並且對他們有較多的認識以後，我真的開始對他們說的話產生興趣。有時候，我的興趣會濃厚到忘記我自己的穿著打扮，並且因為我可以傾聽別人談話，而且鼓勵那些男孩談他們自己的事情，使他們非常快樂。逐漸地，我成為我們那裡最受歡迎的女孩，最後竟然有三個男孩一起來向我求婚。」

這個故事聽起來很好笑，但也正說明了多替別人著想，不僅可以不再為自己憂慮，也可以幫助你結交許多朋友，並且獲得更多的樂趣。

如果想要消除憂慮，獲得平安與幸福的心境，就要學會對別人感興趣，忘掉你自己；每天做一件可以使別人臉上帶來快樂和微笑的好事吧！

沒有人願意踢一條死狗

你要是被別人踢了，或是被別人惡意批評，請記住，他們之所以做這種事情，是因為這件事情可以使那些人有一種自以為重要的感覺；這通常也表示你已經有所成就，而且值得別人注意。不公正的批評是一種偽裝過的恭維。請記住，從來沒有人會踢一條死狗。

沒有任何一個人喜歡別人批評自己，但是絕對不可能不受到別人的批評。如果希望周圍的人都認為自己是非常完美，你可能就會隨時有憂慮。無論哪一個人只要對你有一點怨言，你可能就會想辦法去取悅他。可是你所做的討好他的事情，只會讓另一個人很生氣。直到最後才發現，越是想討好別人，避免別人對自己的批評，就會使自己的敵人增加。雖然我們不能阻止別人對自己作任何不公平的批評，但是我們可以做比意見更為重要的事情，我們可以決定是否要讓自己受到那些不公平批評的干擾。不要管別人如何說，只要自己心裡知道是對的就可以了。

生活中，只要你超群出眾，你就一定會受到批評，所以最好還是趁早習慣的好，盡自己最大的可能去做，然後把你的破傘收起來，讓批評你的雨水從你的身上流下去，而不是滴在你的脖子裡。

有一個故事：祖孫兩個騎著驢走在路上，路邊的尼姑指責說：阿彌陀佛，兩個人騎一頭驢，那麼重，太殘忍啦！於是孫子下了驢，祖父繼續騎著。不久過來一個老太太，痛斥祖父：那麼大個人不走路，讓小孫子走，自己騎驢舒服，怎麼當長輩的？祖孫聞言換了位置。剛行不久，迎面遇到一個大嫂，那個大嫂更是口中嘖嘖有聲：嘖嘖，什麼世道啊，年輕人騎驢，讓老人走路！

祖孫兩個左右為難，最後決定乾脆都不騎了，趕著驢走路。可是還沒走幾步便又被樹蔭下乘涼的茶客恥笑了一番：這兩個傻瓜，放著驢不騎，自己倒走得滿頭大汗！為什麼要討好別人？做自己本分的就好，他人的意見可以適當地作為參考，但是自己不要被他人影響。

還有一件事情：後來成為英國國王愛德華八世的溫莎公爵，他的屁股也被人狠狠地踢過。當時，他在德文郡的達特茅斯學院讀書，溫莎公爵那個時候才十四歲，有一天，學校一位海軍軍官發現他在哭，就問他有什麼事情。他起先不肯說，後來終於說出真話：「我被學校的學生踢了。」指揮官把所有的學生召集起來，向他們解釋王子沒有告狀，可是他想知道為什麼這些人要這樣虐待溫莎公爵。大家推諉拖延又支吾了半天之後，這些學生終於承認：等他們自己將來成為皇家海軍的指揮官或艦長的時候，他們希望可以告訴人們，他們曾經踢過國王的屁股。

一九二九年，美國發生一件震撼全國教育界的大事，美國各地的學者都趕到芝加哥去看熱鬧。在幾年之前，有一個名叫羅伯特•哈金斯的年輕人，半工半讀地從耶魯大學畢業，做過伐木工人、作家、家庭教師和賣成衣的售貨員。現在只經過了八年，他就被任命為美國第四有錢的大學——芝加哥大學的校長。他有多大？三十歲！真叫人難以相信。老一輩的教育人士都大搖其頭，人們對他的批評就像山崩石落一樣，打在這位「神童」的頭上，說他這樣，說他那樣，「太年輕了，經驗不足」，還說他的教育觀念不成熟，甚至各大報紙也參加攻擊。

在羅伯特・哈金斯就任的那天，有一個朋友對他的父親說：「今天早上我看見報上的社論攻擊你的兒子，真把我嚇壞了！」「不錯，」哈金斯的父親回答，「話說得很凶。可是請記住，從來沒有人會踢一條死了的狗。」

這隻狗越是重要，踢牠的人可能越可以感到滿足。所以，你要是被別人踢了，或被別人惡意批評，請記住，他們之所以做這樣的事情，是因為這件事情可以使那些人有一種自以為很重要的感覺，這通常也就表示著你已經有所成就了，而且值得別人去注意。

阿爾伯特・哈伯德說：「每個人每一天至少有五分鐘是一個很蠢的笨蛋。所謂智慧，就是一個人如何不超過這五分鐘的限制。」

在受到一些批評的時候，傻人會發起脾氣，可是聰明的人卻急於從這些反對他們、責備他們和「在路上阻礙他們」的人那裡，學到更多的經驗。美國名詩人惠特曼這樣說：「難道你的一切只是從那些對你好、羨慕你、常站在你身邊的人那裡得來的嗎？從那些指責你、反對你，或站在路上擋著你的人那裡，你學來的豈不是更多嗎？」

不要等著我們的敵人來批評我們或是我們的工作，我們要做自己最嚴格的批評者，在敵人找機會說什麼以前就找出我們的弱點加以改正，達爾文就是這樣做的。

獲得這樣的認識，他花了十五年的時間。事情是這樣的：當達爾文完成他的不朽巨著《進化論》手稿時，他瞭解，出版這本對生物的創造有革命性見解的書，會動搖整個知識界和宗教界，所以做了他自己的批評者。他花了十五年的時間來檢查他的資料，研究他的理論，批評他的結論。這是為批評所作的準備。

在現實生活中，批評有善意的，也有為了打擊你而不擇手段的，所以要接受公正的，不理會那些不公正的。友善的批評對於人生是一種呵護，採用什麼樣的態度來對待批評，決定你如何改正自己存在的缺點。那些無理的指責，只是對你取得成績的嫉恨。對於無理的批評，你可以給它一個淡然的微笑。對待批評是一種智慧，站在公眾面前我們要有接受批評的勇氣，我們不妨把別人的批評或指責當成對你的嘉獎，不要像一個怨婦一樣，與人爭論不休。

最重要的是要記住這一點：

不公正的批評通常是一種偽裝過的恭維，從來沒有人會踢一條死狗。

不要被批評傷害

斯梅德利・巴特勒說：「有人罵我是黃狗、毒蛇、臭鼬……我不會轉頭去看是什麼人在說這些話。」你知道「老錐子眼」、「老地獄惡魔」是誰的綽號嗎？它是斯梅德利・巴特勒少將的。有一次，我去訪問斯梅德利・巴特勒少將，他就是統帥過美國海軍陸戰隊的所有人裡最多彩多姿、最有派頭的將軍。

他告訴我，他年輕的時候努力讓自己成為最受歡迎的人，想要使全世界的每個人都對他有好印象。在那段日子裡，別人對他哪怕一些批評，他都會覺得非常難過。可是他承認，在海軍陸戰隊裡的三十年使他變得堅強多了。他說：「我被別人責罵和羞辱過，罵我是黃狗，是毒蛇，是臭鼬。我被那些罵人專家罵過，會不會讓我覺得難過？哈！我現在要是聽到有人在我背後講什麼，我甚至不會轉頭去看是什麼人在說這些話。」

也許有「老錐子眼」綽號的斯梅德利・巴特勒對此太不在乎，可是有一件事情值得肯定：我們大多數人對這種不值一提的小事都看得過於認真。我還記得在很多年以前，有一位從紐約《太陽報》來的記者，參加我辦的成人教育班的示範教學會，在會上對我的工作表現出了非常有攻擊性的態度。當時，我非常生氣，認為這是對我的一種侮辱，我打電話給《太陽報》執行委員會主席委爾・賀吉斯，特別要求他刊登一篇文章，說明事實的真相，不能這樣嘲弄我，我下定決心要讓犯罪的人受到適當的懲罰。但是，現在我對自己當時的作為深感慚愧。我現在才明白，買那份報紙的人大概有一半不會看那篇文章，看到的人只有一半會把它當作一件小事來看，而真正注意到這篇文章的人，有一半在幾個星期之後則會忘記它。

此時我才真正明白，一般人根本就不會想到你和我，或是注意別人對我們的批評，人們只會想到他們自己。他們對自己小問題的關注程度，要遠遠超過那些可以置你或我於死地的大事上千倍。

其實，即使別人說了你和我一些無聊的閒話，或欺騙我們，從後面捅我們一刀，或把你和我當作笑柄，或是某個我們被最親密的朋友出賣了，也千萬不要使自己沉溺在自憐中，應該提醒自己，雖然我難以阻止別人對我做任何不公正的批評，但是我可以做一件更重要的事情：可以決定是否讓自己受那些不公正批評的干擾。

我不贊成對所有的批評不予理睬，這裡所說的是不要理會那些不公正的批評。

已故的馬修・布拉許還在華爾街四十號美國國際公司擔任總裁的時候，我曾經問他是否很在意別人的批評。他回答：「是的，早年我對這種事情非常敏感。當時，我急於使公司的每個人都認為我是十全十美的。如果他們不這樣認為，就會使我感到憂慮。只要某個人對我稍有怨言，我就會想盡辦法取悅於他，可是我討好他，總會使另一個人生氣。等我再想要滿足另一個人的時候，又會惹惱其他的人。最後，我發現越想討好別人，以避免別人對我的批評，我的敵人就越多。所以我最後對自己說：『只要你出類拔萃，你就一定會遭到批評，所以還是早點習慣為好。』這對我大有幫助。從此以後，我就決定盡我最大的努力去做我認為對的事，而把我那把破傘收起來，讓批評我的雨水從我身上流下去，而不是滴進我的脖子裡。」

有一次，我問愛蓮娜．羅斯福，她如何處理那些不公正的批評。她告訴我，她小時候非常害羞，很害怕別人說她什麼。面對批評，她害怕得去向她的姑媽，也就是老羅斯福的姐姐求助。她說：「姑媽，我想做某件事，可是我擔心會受到批評。」

老羅斯福的姐姐看著她說：「不要怕別人怎麼說，只要你心裡知道自己是對的就可以。」愛蓮娜．羅斯福告訴我，當她在多年以後住進白宮時，這個忠告還一直是她的行事原則。她告訴我，避免所有批評的唯一方法，就是「做你心裡認為是對的事，因為無論如何你也是會受到批評的。做也該死，不做也該死』。」這就是她對我的忠告。

詹姆斯．泰勒比馬修．布拉許和愛蓮娜．羅斯福更進了一步。有一段時間，他每個星期天下午都要在紐約愛樂交響樂團空中音樂會休息時間，做音樂方面的評論。有一個女人寫信給他，說他是「騙子、毒蛇、叛徒和白癡」。泰勒先生在《人與音樂》這本書中說：「我猜想她只喜歡聽音樂，不喜歡聽講話。」在第二個星期的廣播節目裡，泰勒先生向幾百萬聽眾宣讀了這封信。幾天以後，他又接到這個女人寫來的另一封信，以表達她絲毫沒有改變她的意見，她仍然認為他是一個騙子、毒蛇、叛徒和白癡。泰勒先生以他的沉著、他那毫不動搖的態度和幽默感來接受別人的批評，實在令人佩服。

查理斯曾經在普林斯頓大學發表演講時，說他所學到的最重要的人生一課，是一個在鋼鐵廠工作的德國老人教給他的。那個德國老人因某事和其他一些工人發生爭執，結果被人扔進了河裡。查理斯先生說：「當他走到我的辦公室時，滿身都是泥水。我問他是如何對那些把他丟進河裡的人的？老人回答：『我只是一笑了之。』」

查理斯先生說，後來他就把這位德國老人的話當作他的座右銘——「只是一笑置之。」當別人罵你的時候，你可以回罵他，可是對那些「只是一笑置之」的人，你還可以說什麼？當你成為不公正批評的受害者時，這個座右銘尤其有效。

林肯總統就做到這一點，要不是學會對那些罵他的話置之不理，恐怕他早就承受不住內戰的壓力而崩潰了。他寫下的如何處理對他的批評的方法，已經成為一篇文學上的經典之作。林肯的這些話是怎樣說的？他說：「如果我只是試著要去讀——更不用說去回答所有對我的攻擊，這個店不如關門，去做其他生意。

「我盡我所知的最好方法去做——也盡我所能去做，而我打算一直這樣把事情做完。如果結果證明我是對的，即使花十倍的力氣來說我是錯的，也沒有什麼用。」

在第二次世界大戰期間，麥克阿瑟將軍把這段話抄下來，掛在他總部的書桌後面的牆上。邱吉爾也把

卡內基
遠離焦慮，
擁有快樂生活。

這段話鑲進框子裡，掛在他書房的牆上。

總而言之，想要獲得平安快樂，就要盡最大的可能去做，然後收起你的破傘，以免批評你的雨水順著你的脖子後面流下去。

我們要將不公正的批評置之腦後。

學會自我批評

如果有人罵你是「一個笨蛋」，你會怎麼辦？是覺得受到侮辱嗎？是生氣嗎？讓我們來看看林肯是如何做的：有一次，林肯的國防部長愛德溫・史坦頓罵林肯是「一個笨蛋」。

史坦頓之所以這麼生氣，是因為林肯干涉他的工作——為了取悅一個自私的政客，林肯簽發一項調動軍隊的命令。史坦頓不僅拒絕遵照林肯的命令行事，而且大罵林肯簽發這種命令是愚蠢之舉。結果如何？林肯聽到史坦頓的話之後，平靜地說：「如果史坦頓說我是笨蛋，我一定是笨蛋，因為他幾乎從來沒有錯過，我必須親自去看看。」

林肯果然去見了史坦頓，史坦頓讓他明白他簽發那項命令的錯誤所在，於是林肯收回成命。只要是誠意的批評，是以知識為根據並帶有建設性的批評，林肯都會欣然接受。

在我的私人文件櫃裡，有一個卷宗，上面寫著「我所做過的傻事」。我把自己做過的所有傻事都記了下來，存在這個夾子裡。有時候，我會用口述的方式讓我的秘書記錄下來，但是有些問題有時候太富於個人性，或是太愚蠢，所以我不好意思口述，只好由我自己動手寫下來。

現在，我仍然記得我在十五年前放在這個夾子裡的一些事情，如果我可以一直對我自己保持絕對誠實，我做過的這種傻事恐怕會擠破我的文件櫃。我可以用一千三百年前所羅門王說的那句話來說明我面對的情況：「我曾經做過傻事，做過很多傻事。」

每當我拿出「我所做過的傻事」卷宗，重讀我對自己的批評時，它們都可以幫我解決我所面臨的最困難的問題，即如何控制自我。

我以前經常把碰到的麻煩推到別人頭上，但是隨著年齡的不斷漸長，我發現我所有的不幸與別人無任何關係，都應該怪我自己。很多人在年紀大了之後都會發現這一點。拿破崙在被放逐的時候說：「除了我自己，再也沒有別人。除了我之外，沒有任何人應該為我的失敗承擔責任。我是我自己最大的敵人，也是我不幸命運的根源。」

讓我告訴你一個故事，它是關於Ｈ・Ｐ・霍華的故事。Ｈ・Ｐ・霍華是美國財金領域的領袖——美國商業銀行和信託投資公司的董事長，同時也是幾家公司的董事。他小的時候沒有受過多少正規教育，只在一個鄉村小店裡當店員，後來成為美國鋼鐵公司貸款部經理。他的職位越來越高，權力也越來越大。他在解釋自己的成功原因時說：「多年來，我一直在一個記事本上記下當天所有的約會，我的家人也從來不在禮拜天晚上給我安排什麼活動，因為他們都知道我每個星期天晚上都要花一些時間自我反省，重新回顧和檢討我這個星期所做的工作。晚飯之後，我就一個人關在房裡，打開我那個記事本，回想一個星期以來所有的會談、討論和會議。我會問自己：『哪些事情我做對了？怎樣才可以改進我的做法？』『我那一次犯了什麼錯誤？』『我可以從中學到什麼？』有時候，我發現這種每個星期一次的檢討讓自己很不高興，甚至會為自己所犯的過錯而吃驚。時間一年年過去，這些錯誤也就逐漸減少了，我覺得這是我曾經做過的事情中最有意義的。」

富蘭克林與霍華有所不同，他不會等到星期天的晚上，他會在每天晚上把當天的事情重新回顧一遍。他發現自己有十三個很嚴重的錯誤。睿智的富蘭克林發現，除非自己能減少這類錯誤，否則自己就不可能獲得大成就。因此，他每星期都會挑出一項缺點來改正，然後把每一天的情況做成記錄。到了下個星期，他會再挑出另一個壞毛病，準備好了之後，再接著進行另一場「戰鬥」。富蘭克林這種奮鬥持續兩年多時間，這也難怪他會成為美國有史以來最受人敬愛，也最具有影響力的人！

羅契方卡說：「敵人的意見，比自己的意見更接近實際。」我們都知道這句話是對的，但是每當有人開始批評我們的時候，只要稍不注意，我立刻就會出自本能地為自己辯護。每當我們這樣做的時候，事後就會非常後悔。每個人都不喜歡被人批評，而是希望聽到別人的讚美，也不管這種批評和讚美是不是公正的。我們不是邏輯性的生物，而是一種感情動物，我們的邏輯就像一隻獨木小舟，在深不可測的情感海洋中漂蕩。

我認識一個以前推銷肥皂的人，他甚至經常請人來批評他。他剛開始為柯蓋公司推銷肥皂的時候，訂單非常少，這使他很擔心會失去這份工作。他知道他的肥皂和價格都沒有什麼問題，所以他想問題一定出在他自己這裡。因此，每次他沒有做成業務的時候，就在街上散步，希望弄清楚問題究竟出在哪裡。有時候，他會回去找客戶說：「我這次回來，不是向你推銷肥皂，我希望可以得到你的建議和你的批評。可不可以麻煩你告訴我，我在幾分鐘以前向你推銷肥皂的時候，有什麼地方做得不對的？你的經驗比我豐富，也比我成功，請你給我批評，請你坦誠地、不加掩飾地告訴我。」

這種誠懇的態度使他贏得很多朋友和許多寶貴的忠告。現在他已成為全世界最大的肥皂公司——CPP肥皂公司的董事長，他的名字叫E・H・李特。

查理斯・盧克曼是培素登公司的總裁，每年贊助一百萬美元給鮑伯・霍伯的節目。他從來不看那些稱讚這個節目的信件，而是要看那些批評的信件。他知道自己可以從這些信中學到許多東西。

福特公司也希望找出他們在管理和業務方面存在什麼缺點，於是公司對全體員工做了一次意見調查，請他們來批評公司。

只有非常了不起的人才可以做到富蘭克林、H・P・霍華所做的事情。現在，既然沒有人看著你，你為何不照照鏡子，問問自己到底是哪一種人？每個人都不可能達到完美的程度，但是想要獲得更多的平安和快樂，我們就要做到：

記下自己做過的傻事，勇於批評自己。

第二章

如何把自己修煉為成熟有魅力的人？

How to Have A Happy Life and No Anxiety

Carnegie

要承擔自己行為的後果，要為自己的行為負責，而不是只會踢椅子！

困難不等於不幸，或許它會是一種幸運的開始。

學會擺脫生活中的不幸，擁有自己的信仰，並且付諸行動。

你就是唯一，瞭解並且喜歡自己。

堅持自我本色，不要做令人討厭的人。

要讓別人喜歡你，先要使自己讓人喜歡。

成熟，從勇於擔當開始

有一天，我正在學走路的小女兒達娜想將客廳的一把小椅子搬到廚房，因為她想站上去拿冰箱裡的東西。我看到這個情景，急忙衝過去，但還是沒能阻止她從椅子上摔下來。我走過去扶起她，看她摔傷了沒有時，只見她朝那張結實的椅子狠狠地踢了一腳，而且十分生氣地罵道：「都是你這壞傢伙，害得我摔了一跤！」

在日常生活中，如果你留心一下幼兒的生活，你一定會聽到或見到更多類似的故事。在孩子們的眼裡，他們的這種行為是極其自然的。他們喜歡責怪那些沒有生命的東西，或是毫不相干的人物，似乎這樣做就可以減輕自己跌倒的痛苦。他們的這種表現是再正常不過的行為。

但是，如果一直將這種反應行為模式和習慣持續到成人期，那就需要重視，因為它會為你帶來許多麻煩。自古以來，人們就普遍存在一種諉過於人的不良傾向。偷吃禁果的亞當，最後把過錯全部推向夏娃：「都是那個婦人引誘我，我才吃下去的。」

一個人要讓自己變得成熟，首先要做的就是讓自己學會承擔責任。我們生活在這個世界上，必須面對生命中的許多責任，在受難或跌倒的時候，絕對不可像孩子一樣去踢椅子出氣。

為什麼生活中有如此眾多的人喜歡讓他人去承擔責任？細想一下就會知道，因為責怪別人比自己承擔起責任肯定要容易得多。想想自己是否經常喜歡責怪父母、老闆、師長、丈夫、妻子或兒女，我們甚至喜歡責怪先祖、政府，以及整個社會，甚至責怪自己為什麼會來到這個世上。

在不成熟的人眼裡，他們永遠都可以找到一些理由，而且是外部環境的理由，透過這些來解脫他們自身的某些缺點或不幸。例如：他們的童年極為窮困、父母過於貧苦或過於富有、沒有受過良好的教育、教導方式過於嚴格或過於鬆懈和健康情況惡劣。

在家庭生活中，也有人埋怨丈夫（妻子）不瞭解自己，或是命運與自己作對——你有時候不禁要感到奇怪：為什麼這個世界要一致起來欺負這些人？對這些人來說，他們從沒想過要怎麼去克服困難，而是先去找一隻替罪羔羊。

英國的都鐸王朝中存在一個奇怪的習俗，就是王家的小孩都請有一名所謂的「挨鞭子的男孩」。由於冒犯皇族是大逆不道的行為，因此王家的小孩也不可隨便侵犯。但是小孩難免有頑皮不守規矩的時候，為了讓下屬謹守不冒犯皇族的規定，便用錢請來一個「替罪羔羊」，以承受王室小孩應受的責罰。據說這種職位還相當熱門，許多人都搶著要做。這不僅是可以支領薪水，也是以後可以進一步進入王室工作，因此許多人都熱衷於去做這個「工作」，還把這當作是追逐的目標。

這種職業現在已經不存在，但對許多幼稚或不成熟的人來說，這種「替罪羔羊」的形式仍然存在。假如他們找不到人可以當作責怪的對象，還可以責怪多變的時代、國際形勢的混亂、現代生活的不安全感、駭人聽聞的情況……

在我的班上，曾經有一名學員跑到辦公室來找我。那天，我們的課程是訓練學員記憶別人的姓名。那位學員向我這麼說：「我希望你不要指望我可以記住別人的姓名，這正好是我的弱點，我的記憶力一向都不好。」

「為什麼？」我問她。

她回答：「這是我這個家族所遺傳的。我家族的記憶力一向都不好，所以我也不期望在這個方面有什麼改善……」

我誠懇地說：「姑娘，你的問題不在遺傳，而在一種惰性。因為你認為責怪家族的遺傳要比努力提高自己的記憶力要容易得多。你現在坐下來，我可以證明給你看。」

在她坐下來之後，我幫助她做了幾個簡單的記憶訓練。由於她十分專心，因此收到非常好的效果。當然，要她改變原有的觀念還需要一些時間。由於她願意接受我的建議，終於克服了記憶上的困難，記憶力得到大大改善。

我們不得不承認，如今的為人父母者，除了記憶力衰退之外，還有各種大小事情會受到兒女的抱怨，舉例來說，我認識一名年輕女孩，她經常抱怨她的母親使自己的一生受到影響。

原來，這個女孩在幼年的時候，父親因病去世，家裡的重擔落在母親身上。母親只得外出工作，以維持生活並教育年幼的女兒。這位母親非常能幹，又非常努力，後來成為極有成就的女實業家。在這段期間，她細心照看女兒，讓女兒受最好的教育，然而結果卻不是母親所想看到的。女兒把母親的成功視為自己前進的最大阻礙！

這個自認為很可憐的女孩說：自己的童年完全被毀壞了，因為她無時無刻不處在一種「與母親競爭」的生活環境裡。她的母親迷惑不解地說：「我實在不瞭解這個孩子。這麼多年來，我一直努力工作，為的就是想給她創造更好的條件。但從實際看來，我的這種行為只是給她增添了一種壓力。」

令人稀奇的是，像喬治・華盛頓雖然沒有高貴的出身和功績顯赫的父母，但是他卻照樣能推動歷史，成為世界上舉世聞名的人物；亞伯拉罕・林肯幼年的物質條件極為匱乏，一切須靠辛勤勞動，這也沒有對他產生什麼不良影響。而且林肯也沒有想著去把責任推卸於他人。他在一八六四年做過這樣的陳述：「我對美國人民、基督教世界、歷史，還有上帝最後的審判——均負有責任。」

林肯的這番話可以說是人類史上最勇敢的宣言。除非我們也可以在其他人面前以同樣的勇氣承擔自己的責任，否則我們不能算是成熟的人。

著名醫師威廉・戈夫曼寫過一篇極精彩的論文《乳兒精神病學》，文中提到目前日益增多的「心理密醫」是如何把大家寵壞了。戈夫曼醫師指出，許多向心理醫生求助的人，經常喜歡為自己的弱點及與世俗格格不入的行為找出一個心理學上的藉口，這樣他們就彷彿得到某種精神上的安慰。心理學一直為那些不能面對成人世界的人尋找託辭的時候，更有許多人繼續把他們所遇到的困難，歸咎於各種外界因素。

如果你看過《聖經》對耶穌事蹟的描述，你就會明白耶穌最引人注意的品格之一，就是他擇善堅守、毫不妥協的性格。當有人找他幫忙或醫病的時候，他不會浪費時間去細查對方的潛意識，或去找出何人或何事該為此人目前的困境負責任。「拿起你的被褥回家吧！不要再犯罪，你的罪已經被赦免……」

耶穌要表示的態度很顯然：把人的生活改造得更美好才重要，而不是整日沉溺在自憐的深淵。

有一次，我和朋友一起去參觀一個書展。那位朋友時常誇耀自己對現代藝術的知識掌握得多麼精深。當時，我看到一幅畫，作風十分草率，便無意中說出自己對這幅畫的感受：「我家裡有一個三歲的小孩，說不定可以畫得比這個好。假如這是藝術，我就是米開朗基羅了。」

這位朋友回答：「你對人類精神的痛苦，難道沒有絲毫感覺嗎？這位藝術家所要表現的，是原子時代人類精神上的壓力與迷惑。」

就連一位畫得不知所云的藝術家，也可以把自己的無能歸罪於原子時代！

但是有一件事情是可以肯定的。假如原子時代能對人類帶來任何希望或滿足，而不是破壞或死亡，我們需要的是堅強、成熟的個人，即那些可以而且願意為自己行為承擔責任的人。

對那些希望自己邁向成熟的人來說，他們要記住的第一個原則應該是：

要承擔自己行為的後果，要為自己的行為負責，而不是只會踢椅子！

困難不等於不幸

歷史上，許多舉世聞名的人物都有身體上的缺陷，例如：拜倫爵士長有畸形足，凱撒患有癲癇症，貝多芬因為生病而變成聾子，拿破崙是有名的矮子，莫札特患有肝病，富蘭克林・羅斯福是小兒麻痺症的患者，海倫・凱勒更是從小又聾又盲，包括以下我們要提到的這位名人，他們取得的成就又有幾人不知？

在我家附近，有一位名叫愛德華・道喜的人在經營一家租車店，專門出租高級客車。我十分欣賞此人。他很善於聽人講話，心胸開闊，又喜歡接受新事物，具備多項才能。有一次，在我們談話的過程中偶然談到一個話題，我們認為那些偉人和成功者通常也是可以克服困難的人。接著，愛德華問我：「你聽過一個叫納達尼・包德齊的名人嗎？」

我問他此人是不是非常精通航海術。

愛德華回答：「是的，就是他！納達尼・包德齊生於一七七三年，享年六十五歲。他從懂事的時候開始到十歲之間，大多數是以自修的方式學習，如拉丁文等，因此他可以閱讀牛頓的《自然哲學的數學原理》。十年之後，他已經算是一位相當優秀的數學家。他由於喜歡航海，又開始學習航海術。據說，在一次航程裡，他教導全體船員（包括船上的廚子）如何用觀察月亮與星座的關係來計算船舶的位置。後來，他寫了一本非常經典的有關航海術的書。這對一個幾乎沒有受過正規教育的人來說，是一件非常不簡單的事，你難道不這樣認為嗎？」

對於愛德華的觀點，我給予強烈的贊同。包德齊確實是一個不畏艱險、克服重重困難的人。也許沒有人告訴過他：「想要當一名科學家，大學教育是不可或缺的訓練。」因此，他可以不顧一切向前衝，並且用自學的方式得到各種必要的知識。對納達尼・包德齊或愛德華・道喜這類的人來說，困難根本就算不上什麼，他們從來就不會將它們放在眼裡。

洛埃・史密斯曾經寫過一本極富鼓舞性的傳記《一個完整的生命——在死神的門口》，這篇故事的主角是艾莫・赫姆。艾莫・赫姆出生在俄亥俄州的亨特維，當時他的醫師說：「這個嬰兒活下來的機率不大。」

但是赫姆還是活下來了。

他二十八歲的時候，成為衛理公會的傳道士。他曾歷經兩次致命的事故，都沒有因此對生活失去信心，反而引起有名的巧克力製造商約翰・惠勒的注意，在經濟上幫了他不小的忙。

幾個月過去以後，這位倒在死神門口的傳道士，順利地出院了。

艾莫・赫姆開始興建教堂，募集傳道基金，並且隨時幫助當地的學校和醫院。

這位「單肺」傳教士募集將近三百多萬美元，以從事他認為有意義的慈善活動。他到了六十九歲的時候「告老退休」，但還是選擇繼續從事其他工作。

此後，他舉辦了上千次的講道、寫了兩本書、為教會和其他慈善機構募集五十萬美元，並且擔任二十餘所專業學校的董事，個人捐助五萬美元以興建在加州大學附近的一所教會。

九十年來，他雖然因為右半身嚴重受傷而時常痛楚不已，但是他還是沒有向死神屈服。

艾莫．赫姆從來不知「缺陷」這兩字的意思。他只知道自己有生命，而且這個生命有它的目的。

他把自己有生的九十多歲充分使用，並且使自己的名字成為「勇氣」的代名詞。

在那些喜歡逃避責任的人眼裡，困難就是他們最好的擋箭牌。你也許聽過許多人把失敗原因歸咎於沒有受過大學教育。事實上，就算這些人真的接受大學教育，他們仍能為自己找出許多理由。而一個真正成熟的人則不會如此，他們不會找藉口去逃避困難，而是去想盡辦法克服、戰勝困難。

一次工作上遭遇一些阻礙以後，亞歷山大．貝爾向朋友約瑟．亨利抱怨，認為那完全是由於自己缺乏有關電機方面的知識。約瑟．亨利是華盛頓區一家工學院的院長，他雖然同意貝爾的說法，但是沒有這樣對貝爾說，「真是不幸，亞歷山大，你沒有機會學習電機課程，實在是太可惜了！」

他也沒有告訴貝爾應該如何向父母請求幫助，或是如何去申請獎學金。他只是簡單地對貝爾說：「去讀吧！」

亞歷山大・貝爾果然去攻讀有關電機的課程，最後對傳播科學也做出自己非常大的貢獻。

卡爾頓・葛立夫住在新澤西州，是一個生意人。一日，他開車經過莫里鎮的一個十字路口，正好遇見一名盲少婦牽著一條狗要穿過街道，卡爾頓於是急忙踩住煞車，將車停了下來。

車停在那裡沒多久，一個陌生男子來到卡爾頓的車旁，原來他是那名少婦的訓練師。

這個男子解釋：「以後請不用緊急煞車，就像剛才那樣。這條狗是訓練用來防止發生交通事故，假如每輛車子都像剛才一樣停下來，狗會以為這是應有的狀況，而不會特別警覺。這麼一來，如果有車子不這麼停下來，事故就會發生。」

這個故事在我內心產生極其深刻的印象。不僅是因為那位訓練師言之有理，而且是因為得知那名少婦能採用這樣的訓練來克服自己的缺陷，繼續自己正常的生活。

不可否認，這些人都是具有成熟心靈的人。他們不會陷於自己的困難中，而是勇敢地去面對它、接受它，然後想辦法加以克服、解決。他們不會去乞憐，不會絕望，也不會去找藉口推脫責任。

現實生活中，很多人都在抱怨自己太貧窮了。貧窮會不會是失敗最有力的理由？

美國總統赫伯特・胡佛是愛荷華一名鐵匠的兒子，後來又成為孤兒；ＩＢＭ的董事長湯瑪斯・華生，年輕時曾經擔任簿記員，每星期只賺兩美元。這些著名的成功人士，都沒有因為貧窮這個因素受到任何障礙。他們把心思都花在工作上，根本沒有時間去自憐或抱怨。

卡內基
遠離焦慮，
擁有快樂生活。

蕭伯納對那些時常抱怨環境不順的人感到十分反感。他說：「人們時常抱怨自己的環境不順利，因此使他們沒有什麼成就。我是不相信這種說法的。假如你得不到所要的環境，可以製造一個出來啊！」

其實，如果每個人無時無刻都在抱怨環境不好，就會把自己的過失委諸「缺陷」或是其他原因。在我年輕的時候，常因自己長得比別人高而氣餒不已。幾年過去以後，我才逐漸明白，身高可以是一件好事，也可以是一件壞事，這完全是由你自己的態度決定的。

假如別人富有，而自己比較貧窮；假如別人有兩條腿，而自己只有一條腿；假如自己長得胖、瘦、美、醜、金髮、黑髮、害羞或進取——無論哪一點使自己與眾不同，都很可能成為自己的缺陷——只要你自己承認這一點！

心靈不成熟的人總是把自己與眾不同的地方看成是缺陷、障礙，然後期望自己能受到特殊的待遇。心靈成熟的人則不然，他們先認清自己的不同處，然後再決定是要接受它們，還是改進它們。

因此，如果想要使自己變得成熟，就要記住第二項原則：

困難不等於不幸，或許它會是一種幸運的開始。

擺脫生活中的不幸

在我的班上，有一位學員告訴過我一個故事，故事的主角叫麥可。

一九三八年，二十一歲的麥可在軍隊服役。他在一次戰役中受了嚴重的眼傷，眼睛因此什麼也看不見了。他雖然承受這麼大的傷害和痛楚，但個性卻仍然十分開朗。他經常與其他病人開玩笑，並且把自己配給到的香菸和糖果與好朋友一起分享。

醫生們非常努力地治療麥可受傷的眼睛。有一天，主治醫生走進麥可的房間向他說：「麥可，你知道我一向喜歡向病人實話實說，從來不欺騙他們。麥可，我現在告訴你，你的視力無法恢復了。」

此時，時間似乎停滯了，房間裡的氣氛變得可怕而靜默。

麥可終於打破沉寂，平靜地回答：「醫生，我知道，其實我一直都知道會是這個結果。非常謝謝你們為我付出了這麼多努力。」

過了幾分鐘，麥可對他的朋友說：「我認為自己沒有任何理由去絕望，雖然我的眼睛瞎了，但是我還可以聽得很好，講得很好啊！我的身體強壯，不僅可以行走，雙手也十分靈敏。何況，據我所知，政府可以協助我學得一技之長，以讓我維持生計。我現在所需要的，就是適應一種新生活。」

這就是麥可，一名擁有明亮視野的盲眼士兵。由於忙著計算自己所擁有的幸福，因此沒有時間去詛咒自己的不幸。這就是百分百的成熟，同時也是我們解決問題的方法。每個人有生之年都要面對許多考驗，瑪麗・布朗太太就是用這種方法去解決問題。

一九四五年八月，在日本宣布投降後的第二天，瑪麗・布朗太太走進位於加拿大渥太華的自家住宅，靜聽屋子裡的寂靜與空虛。

幾年前，她的丈夫死於車禍；接著，與她住在一起的母親也被病魔奪走了生命。悲劇發生的過程是這樣的：

許多鐘聲和汽笛聲都在宣告和平再度降臨時，我唯一的兒子達諾卻在此時去世了。我已失去丈夫和母親，如今兒子一死，我變成一個完完全全孤單的人。

在為孩子舉辦過葬禮後，我走進空蕩蕩的屋子裡。那種空虛、無依無靠的感覺使我一輩子都無法忘記，世界上再也沒有一處地方比這更寂寞。我的內心充滿哀傷和恐懼，害怕今後獨自一人生活，害怕整個生活方式將完全改變。而最可怕的，莫過於我將與哀傷共度餘生，這才是真正讓我感到可怕的事情。

在此後的幾個月裡，布朗太太的生活完全被包圍在一種茫然的哀傷、恐懼和無依無助的氛圍裡。她既迷惑又痛苦，根本無法接受所發生的一切。她繼續描述：

一段日子過去以後，我明白時間會治療我的傷痛。只是時間過得實在太慢了，我必須做些事情來幫自己忘記這些遭遇。在這種狀態下，我選擇重新工作。

日子一天天地過去，我也逐漸對生活恢復興趣。一日清晨，我從睡夢中醒過來，忽然認識到所有不幸均已成為過去，以後的日子一定會變得更好。我知道「用頭撞牆」是不能面對現實的表現，這種舉止是愚蠢可笑的。對於這些我無法改變的事實，時間告訴我應該如何去承擔。

整個改變過程進展得非常緩慢，不是幾天或幾個星期，而是逐漸來臨。總而言之，它發生了。現在，當我回過頭去再看那段生活，就會感到好像船隻雖然歷經一場巨大的風浪，如今已重新駛回風平浪靜的海面上。

在我們的生活中，許多類似布朗太太的悲劇，往往很難讓我們理解為什麼會發生在我們身上，因此最好先面對它們，接受它們。當布朗太太對失去家人這個事實完全接受時，心理上便已準備讓時間治療這樣的痛楚。

我們遭遇不幸時，只有一個解決方法，就是接受它。我們的生活被不幸遭遇分割得支離破碎時，只有時間可以把這些破片撿拾起來，並重新撫平。智者在面對不幸時，懂得給時間一個機會。在第一次受到打擊時，整個世界似乎停止運行，而我們的苦難也似乎永遠沒有盡頭。但是無論如何，我們總得往前走，去履行生命計畫中的各種目的。如果我們完成這些生命中的各種運作，不幸所帶來的痛苦就會逐漸減輕。終有一天，我們又能喚起以往的快樂，並且感受到被愛護，而不是被傷害。想要克服與戰勝不幸，時間是我們最好的朋友，但唯有我們敞開心靈，完全接受那不可避免的命運，我們使自己走出痛苦的深淵。

我們應該記住，不幸遭遇並非是世界末日，有時候，它還是促使我們採取行動的催化劑，會大大改善不利的狀況。它可以使我們的才智變得靈敏，以幫助我們解決問題。

印度的克里斯納說過這樣的話：「人的幸福結局，並非是平淡、安穩的喜樂，而是轟轟烈烈地與不幸奮鬥。」

人的品格會因為「轟轟烈烈地與不幸奮鬥」而變得更深沉、更多彩，也更豐盛。它會讓我們挖掘出深藏在人性深處的潛能力。這些能力和資源都一直埋藏在人性深處，直到必要時才會甦醒過來，為我們所用。想要擺脫不幸的陰影，還有一個很好的方法，就是去幫助別人。我認識一位住在威斯康辛州的太太，她把自己個人的悲痛化為力量，去幫助其他陷於痛苦的人，因此受到許多人的敬重。這位太太有一個做著飛行員工作的兒子，在第二次世界大戰期間因公殉職，死時只有二十三歲。這位母親雖然為此感到十分悲傷，卻不需要別人的同情，她說：「我認識許多悲觀的母親，有些因為孩子精神上或心理上不健全，有些因為孩子罹患痙攣性癱瘓無法正常為社會做貢獻。還有更多婦女極想擁有自己的小孩，卻苦於無法如願。

我有幸擁有一個好兒子，並且共度了二十三個歡樂的春秋。我會把這些快樂的記憶保留至生命的盡頭，因此我要服從上帝的安排，盡可能幫助更多需要幫助的人們。」

她確實去做了。她不辭辛勞地安慰許多出征者，或是那些因兒子出征而需要幫助的父母。這是邁向成熟所學的第一課——把自己的心思和精力用來幫助別人，你便不再將心思放在困擾自己的事情上。

每個人的生命都不會是一帆風順的幸福之旅。在這個過程中，每個生命都擺動在幸與不幸、浮與沉、光明與黑暗之間的模式裡。我們不能像鴕鳥一樣把頭埋在沙堆裡面，拒絕面對各種不幸，而不幸也不會因此獲得解決。苦難是人類生活的一部分，只有樂觀堅強地面對，才可以表現出自身的成熟。

不成熟的人經常犯的一個錯誤是：遇到麻煩事就抽身而退，不敢面對現實。許多小孩在遊戲的時候，常因自己沒有勝算便拒絕玩下去，成熟的成年人便不會如此，他們會一試再試，直到成功時才肯甘休。

上帝對每個人都是公平的。既然來到這個世上，我們就得歷經一些苦難，正好像我們也歷經許多快樂一樣。或早或晚，生活都會告訴我們在受苦受難的經歷裡，每個人都是平等的。無論是國王或乞丐、詩人或農夫、男人或女人，當他們面對各種不幸時，他們所承受的折磨都是一樣的。無論是任何年紀，不成熟的人會表現得特別痛苦或怨天尤人，因為他們不瞭解，諸如生活中的各種苦難，像生、老、病、死或其他不幸，其實都是人生必經的階段。以下是擺脫不幸的五種方法，希望每個人都可以記住它。

一、接受不可避免的事實，讓時間去治療傷痛。

二、採取行動以抵制困境。
三、集中精神，幫助他人。
四、在有生之年，充分利用自己的生命。
五、計算我們所擁有的幸福。

所以，如果想要使自己變得更成熟，第三個原則是：

學會擺脫生活中的不幸。

擁有自己的信仰

《如何度過一年三百六十五天》的作者約翰・席勒向人們揭示：「成熟必須靠學習得來，而且通常必須經過苦難才可以學到。」這個觀點也正是李莉安・赫德里所學到的教訓。

赫德里太太在生活中是一個快樂、平凡的家庭主婦。她的生活一直風平浪靜，直到有天發生一場可怕的車禍，使她毫無防備地掉入深淵。

剛開始，醫生診斷赫德里太太的脊椎骨斷裂。後來，根據X光顯示，雖然她的脊椎骨沒有碎開，但是骨骼表面仍然因為擦傷而長出刺狀物。醫生囑咐她臥床靜養三個星期，與此同時，還帶來另一個使人難過的消息。

醫生告訴她，由於她的脊椎骨有嚴重的僵硬現象，也許再過五六年，全身就會無法動彈。

赫德里太太在描述當時的心情時，她是這樣說的：

聽完醫生的話以後，我愣住了。我一向活潑好動，又從沒遇到過不順利的事。但是現在，不幸終於發生了。臥床靜養的時間由三個星期延長到四個星期，然後是五個星期、六個星期……我的勇氣和樂觀在我聽到診斷後消失無蹤，取而代之的是無盡的恐懼……我感覺自己在一天天地衰弱下去。

一天早晨，我從夢中醒來，當時的思緒比往時都清醒。我告訴自己，我還有五年的時間，我可以為家人做許多事情。只要我繼續用藥物治療，並且有決心戰勝病魔，說不定還可以改善自己的狀況。我不想毫無奮鬥便宣告投降，一定要盡可能勇往直前。由於我非常堅定這個信念，並且又下了決心立刻能有所作為，這麼一來，恐懼和無力感立刻消失不見。我掙扎著起床，想要立刻開始自己不尋常的新生活。

我找了兩個字當成座右銘，隨時不停地提醒自己：向前、向前、向前！

這是五年半以前的事情。現在我去醫院做檢查，醫生告訴我脊椎骨的情況良好，看起來可以繼續維持下一個五年。醫生要我樂觀地對待生命，保持愉快的心境，並且繼續向前行。這正是我的信念。只要我身上的肌肉還可以活動，我一定鼓足信心勇敢地走下去。

赫德里太太確實是一個鼓舞人心的例證。她成熟的表現來自一個信念，並且根據這個信念，採取許多行動。

如果我問你是否相信美國這個國家到處充滿著機會，也就是說，只要能力與精力許可，每個人都可以達到自己所追求的目標。你極有可能會回答一聲清脆而響亮的「是」，並且還會有別人在旁邊搖旗吶喊，表示贊同。但是，你相信到何種程度？假如你此時正失業在家，完全沒有收入，新的工作又沒有著落，你仍會對這種說法深信不疑嗎？你不僅相信，而且會採取行動以證明這種說法的真實性嗎？

有人就十分相信，他住在密蘇里州獨立市的雷德街，名叫雷納•川伽。在一九二八年，川伽先生繼承了一筆價值十萬美元的產業。但是在十年過去以後，他卻宣告破產。這十年究竟發生什麼事情？以下是雷納•川伽的口述：

我父親不僅擁有成功的事業，而且為人慷慨。在我上高中的時候，只要我需要錢花，他都允許我用銀行的帳號開支票。到了我上大學的時候，我更是精於此道。當時，我根本不知道錢的價值，更不知道用什麼方法去賺取，我唯一知道的是如何用父親的帳號去簽寫支票。

我一直採取這樣的花錢方式直到父親過世。父親去世的時候，留給我一塊相當大、而且價值相當高的土地，位置就在密蘇里河下游靠近萊辛頓一帶。我開始以農夫自居，但沒過多長時間，大蕭條橫掃全國各地，我第一年的財務便呈現嚴重赤字。我抵押了一片土地去償還債務和填補銀行存款，但仍起不了大的作用，最後不得不把那片抵押的土地以極低的價格出售。由於我仍需要花錢，便又以同樣的方法陸續把田地抵押，並最終出售給別人。

最後，算總帳的日子終於來臨了。我知道我已經什麼都沒有了，如果我要繼續活下去，就必須出去找工作——那是我以前從未做過的事。我感到非常痛苦與不知所措。

一天晚上，我被噩夢所驚醒，也終於知道自己必須去面對事實。我對自己說，滑雪橇的童年日子已過，現在你已經長大成人，應該去做一些大人的事才行。起來吧，要起來工作！

除了面對現實中的困難以外，我也開始找出自己究竟信仰什麼。曾經，我一直跟隨眾人的思想，認為美國是一個充滿機會的國度，只要努力，便能達到追求的目標。現在，雖然正值蕭條時刻，工作機會不多，但是我畢竟有一些特長。

我擁有一個健康的身體、一張大學文憑，還有一些從失敗和錯誤中所得到的經驗和體會。現在，我需要的是採取行動，而不是浪費時間去感嘆自己的不幸遭遇或沉浸在悲傷中。

對於我自身的情況來說，想要輕易找到一份工作幾乎是不可能的。但是，我不能讓自己頹喪下去，我必須強迫自己用信心來取代恐懼和疑惑。我要相信這個國家是一個充滿機會的地方，只要有信心、決心，每個人都會有自己的立足之地。就是這份信念在支撐著我，使我不輕言放棄。

最終，這份信念得到事實的證明。我在堪薩斯市的一家財務公司找到工作，並且在那裡愉快地工作四年。後來我把工作辭了，再度回到農地上。這一次，事情進行得非常順利。我慢慢建立自己的信用，並逐漸擴大事業的範圍。我買進賣出，從中獲得許多利潤。我感覺感激多年來失敗給我的教訓，這一次，我終於踏上成功的大道。

我先前失去的產業，都被我重新賺了回來。我的努力沒有白費，但這已經不重要了，重要的是把這些寶貴經驗都傳給了我兩個兒子。這比只給他們財富要有意義。

在經歷了如此多的事情後，我得出一個結論，我們必須信仰某些事物。假如我們沒有就此信仰去採取行動，一切仍然是徒勞無功。只有信心而沒有作為，是起不到任何作用的。

川伽先生的故事是邁向成熟的最好典範：他從一個被嬌寵、不知責任為何物的男孩，在一夜之間認清自己不僅要有所信仰，並且要因此採取行動來印證這個信仰。在此之前，川伽先生像一個幼稚的孩子一樣逃避現實，但是他堅持自己的信仰，使他可以像成人一樣，再度面對生活中的各種磨難。

我們想要使自己變得成熟，只有信仰是不夠的。信仰的好處是可以增強勇氣，使我們在接受考驗的時候，不至於臨陣退卻。除非我們以信仰做基礎，然後付諸行動，否則任何道理與原則對我們都無濟於事。

有時候，在一些特殊情況下，我們的行動和信仰也會產生衝突。例如：有一位婦女笑著告訴我，店裡的售貨員多找五十美分給她。我問她是否打算把錢還回去，並且向那位售貨員說明理由，她聽了非常不以為然。

她提高聲調急急地說：「當然不啊！多找零錢那是她的過失，當然得由她負責。想想看，如果是她少找給我錢，我不就吃虧了嗎？」

我們如果要檢驗這位婦女的誠實度，她當然就要自取其辱。她對售貨員的過失似乎採取幸災樂禍的態度，甚至到了不顧體面的地步。這種不磊落的行為，完全將她那不誠實的品格給暴露了出來。

人們的信念往往是依靠行動表現出來的。耶穌曾經說：「憑他們所結的果子，就可以認出他們。」是的，只有行為才是有效的。如果我們不表現出行動，則任何哲學理論叫得喧天價響，對我們也絲毫起不到作用。我們所結的果子將是苦的，我們的生命也將失去它的真正意義。

我們如果有了堅定的信念，就應該付諸行動。

在夏威夷，有一個名叫保羅・瑪哈的建築承造商，他堅信人不可輕言放棄。他不僅如此堅信，並且在行動中隨時都有表現，因此事業做得十分成功。

一九三一年，瑪哈先生在建築和工業界四處打聽，想要找一份工作。他年輕沒有經驗，因此處處碰壁，工作的機會非常渺茫。當時的社會不景氣，沒有公司需要增聘工程或製圖人員，就是經驗豐富的老手也會遭到解聘，新手就別提了。瑪哈先生坦承道：

我當時感到氣餒，但是後來我決定，假如沒有人願意雇我，我就為自己工作。我借了五百美元，成立一家小型建築承造公司。

公司雖然建成了，但是十分不景氣。你想一下，想要蓋房子的人，誰願意找一名沒有經驗又沒有名氣的人來做？但是無論如何，我鼓起勇氣，下定決心要做到底。憑著這種信念和堅持的心理，我終於得到幾筆小生意。

第一筆生意是承造一棟兩千五百美元的房子。由於經驗不足，估價不準，結果我賠進去兩百美元。但是，有了這次失敗的經驗，接下來的幾樁生意便彌補過來了。由於我堅信人不可輕言放棄，終於度過人生中這個難關。

人不是因為沒有信心而跌倒，而是因為無法把信念化成行動，並且不顧一切地堅持到底。

如果想要使自己變得更成熟，要記住第四項原則：

擁有自己的信仰，並且付諸行動。

你就是唯一

一直以來，我非常熱衷於園藝，還親手建立一個有相當規模的玫瑰園，這給我的生活增添許多樂趣。一天，我正陶醉在盛開的玫瑰叢中時，忽然想起一個問題：

「這些玫瑰，粗看起來都十分相像，但是仔細觀察就會發現，它們朵朵不同，甚至屬於同種類的，開出來的花都彼此不太一樣，例如：生長的速度、花瓣捲曲的程度、顏色的均勻與否，只要仔細地觀察，就可以發現每一朵都有各自的風姿。」

自然界是如此，人類的情形更是如此。亞瑟・凱斯博士對古代的生活及民俗有相當深刻的研究，他說：「沒有兩個人的生活遭遇是完全相同的，每個人均有與眾不同的生活遭遇。」不錯，每個人的人生都是獨一無二的。儘管構成人體的基本因素相同，但是每個人的生命很奇妙地自成一格，與任何人都不會雷同。

想要使自己邁向成熟，我們首先要瞭解並且接受這個事實，因為這是我們與他人溝通的基礎。除非我們真正把他人視為一獨立的個體，正如我們本身的情形一樣，否則我們很難與他們建立良好的人際關係。

這聽起來很容易，但做起來卻不那麼容易。

在當今社會，個性主義已經遭到破壞，甚至瀕臨滅亡。我們現在對自己的獨特性越來越沒有概念，甚至於採取與他人不同的行動也會感到恐懼。

現代人非常渴望得到如何使自己變得「獨特有個性」這個方面的知識，事實確實如此。暫且不說社會對我們的評定歸類、對我們順應群體的要求帶來什麼壓力，在內心深處，我們仍然希望自己與別人可以有所不同。

有許多人為了表達這種渴求、解除這種束縛，最終把自己送到精神病院。還有些人用酒精和藥物來麻醉自己，使自己完全失落。

有什麼好的方法可以治療這些疾病？如何才可以使人們意識到自己的獨特性？如何才可以使人們以更成熟的態度去認識自己？在這裡為人們提供三個建議：

每天給自己獨處的時間，更清楚地認識自己

在這個充滿激烈競爭的社會，人們的生活與工作變得越來越緊張和忙碌，同時人們也越來越少有時間給自己深思的機會。儘管如此，我們還是要想辦法抽出時間來面對自己、認識自己。

不同的人通常會採取不同的獨處方法。我有一位好朋友，他通常在人群擁擠的街道上，一邊散步，一

邊冥思。「這種方法，可以使我達到忘我的境界，想出許多解決問題的方法來。」他這樣解釋。

我非常喜歡教堂這個地方，在那裡我可以尋求到片刻的寧靜。這種方法可以安定神經，恢復精神，並且可以使自己的心靈得到一次徹底地沖洗。

同時，我也非常喜歡與大自然接觸。由於現實問題的原因，我沒有很多時間可以散步或從事戶外活動，但可以獨自到花園裡走走，甚至坐在窗旁偶爾眺望窗外的藍天或樹木，都可以讓心靈得到極好的放鬆與休息。季節更換時，無論是面對一望無垠的風景，還是一片小小的土地，都可以使我感受到大自然的神奇與美妙，同時也可以使自己融入其中，變成大自然的一份子。

有些人比較喜歡在安靜的房間裡獨處，或是用其他自我隔離的方式。總而言之，每天抽一小段時間出來，不讓自己受到任何干擾，如此才可以體驗自己，你的生活、信仰、行為，對自己有更深刻的瞭解。

掙脫習慣的束縛

現實生活中，人們時常把自己深裹在習慣或習以為常的無聊事件裡，在裡面窒息而不自知，同時人們又難以將其破除。想想看，有多少人每天都不斷重複相同的行為，生命因此變得遲鈍、無精打采，而且完全沒有創新的能力。

我的班上有一位學員，她是一位年輕婦女。有一天，她向人們講述自己如何掙脫習慣的束縛：

我和我先生都非常沉迷於電視，到了晚上一回到家，就立刻打開電視，然後一邊吃速食，一邊看電視，直到該睡覺了，才會關掉電視。在平常的生活中，我們很少去拜訪親朋好友，或是閱讀書報，或是到外面去參加各種活動。因為一想到因此要錯過某個電視節目，活動就自然取消了。假如有朋友來登門拜訪，我們也經常表現得心不在焉，只盼望趕快回到電視機面前。有一次，我和幾個老朋友聚在一起吃飯，發現自己很難和他們打成一片，因為我完全不懂他們談論的話題。我很少去其他地方，也很少閱讀報章雜誌，我幾乎很少做其他事。除了喜歡看電視之外，我對其他活動完全不感興趣。

我意識到這種行為有些過分了，就和丈夫提到這個情形，並且告訴他，我們要想辦法改掉這個習慣。他非常贊同我的觀點，我們便開始計畫要如何去做。我們先報名參加某些成人教育的晚間課程，也試著去打打保齡球；我們到朋友家拜訪，或到圖書館借書來看，並大聲念出來給大家聽。我為自己擺脫了壞習慣感到很高興，從中也發現，這無論對工作還是婚姻，都產生很大作用。我們的生活變得更豐富，與他人的交往也變得更親密、更有意義。

這兩個人原本深陷在習慣的沼澤裡，不能自拔，但是經過共同努力，他們終於把自己拯救出來，使自己的生命獲得新生。

用熱忱及興奮去追求

一八七八年，心理學家威廉・詹姆斯寫給妻子的一封信裡，有這種思想的最佳表現：

我經常想，為一個人的品格下注的最好方法，應該是去找出他的精神或態度來，尤其是發生某些特別事件的時候，使他可以感覺到自己最深刻、最活躍的生命來。在這種重要時刻，通常會有一種聲音在他內心深處吶喊：「這是真正的我啊！」

這也就是說，興奮時刻會把我們的真正面目呈現出來。因為，感覺到「最深刻、最活躍的生命」，正是最讓人感到興奮的事！

或許這種興奮與觀念、性格或某種客觀情況有一定的關係。但是無論如何，興奮可以讓我們擺脫習性、厭煩、壓抑，讓我們得到充分的展現。

我們能否在工作或事業上取得成就，興奮的特質在其中產生重要的作用，因為情緒的動力是促成我們向前進的力量。偉大的物理學家、諾貝爾獎的得主愛德華・維克多・亞伯頓爵士說：「在科學研究的領域裡，我認為熱忱要比專業技術還重要。」

從這裡我們可以顯然地看出，亞伯頓爵士並非表示專業技術在研究工作上不重要，而是認為：熱忱這種興奮，可以使一個人把專業技術淋漓盡致地發揮出來。

我在自己四十四年的演講教育生涯中發現，人們在演講的時候，效果的好壞應該根據演講人對其所講題目的熱心程度而定。無論此人講的是哪方面的內容，他對聽眾所發揮的影響力，與自己對題目感情的強度完全成正比。

興奮的表現方式有許多種，其中愛就是一種。有部叫《瑪蒂》的電影，是敘述兩個單調寂寞的人，如何因愛而彼此敞開心靈，邁向一個全新的天地。

還有一些人認為，興奮也可以是一種令人振奮的工作、活動或創作行為。耶魯大學的威廉・林恩・菲爾普教授寫過一本名叫《教學的樂趣》的書，其中就詳細描述了教學生涯如何使他的生活變得又興奮、又愉快。

看完以上的論述你就會明白，可以使我們發現自我、發現我們與眾不同有三種方法：

一、每天給自己獨處的時間，更清楚地認識自己。

二、掙脫習慣的束縛。

三、用熱忱及興奮去追求。

持續不斷的自我發現、自我探尋的過程，也正是心靈的成熟過程。除非我們先瞭解自己，否則我們很難去瞭解別人。根據蘇格拉底的說法，「瞭解你自己」是智慧的開端。「你是獨一無二」的說法，就是現代人對古老智慧的最新詮釋。

如果想要使自己變得更成熟，要記住第五項原則：

你就是唯一。

瞭解並且喜歡自己

史邁利・布蘭登在一本書中寫道：「對每一個正常人來說，適當程度的『自愛』是很健康的表現。為了從事工作或達到某種目標，適度關心自己是絕對必要的。」

我十分贊同布蘭登醫師的觀點。想要活得健康、成熟，「喜歡自己」是必要條件之一。這是表示「充滿私欲」的自我滿足嗎？顯然不是的。這表示「自我接受」——一種清醒而實際地接受自己的本來面目，並且保持自重和人性的尊嚴。

《動機與人格》的作者馬斯洛在其著作中也曾經提到「自我接受」。他寫道：「新近心理學上的主要概念是：自發性、解除束縛、自然、自我接受、敏感和滿足。」

有人發問：喜歡自己，是否會像喜歡別人一樣重要？我們可以這麼說：憎恨每個人或每件事的人，只能顯示出他們的沮喪和自我厭惡的消極態度。

亞瑟・賈西是哥倫比亞大學教育學院的教授，他始終堅信教育應該幫助孩童及成人瞭解自己，並且培養出健康的自我接受態度。他在其著作《面對自我的教師》中指出：教師的生活和工作充滿辛勞、滿足、希望和心痛，因此「自我接受」對每位教師來說，都是非常重要的。

在今天，全美國醫院的病床上，有半數是躺著在情緒或精神上出了問題的人。根據相關調查顯示，這些病人都不喜歡自己，都不能和平與自己相處。

在這裡，我不再分析導致這種情況的各種因素。我要表達的觀點是，在這個充滿競爭的社會，我們往往以物質上的成就來衡量人的價值，再加上名望的追求、枯燥乏味的工作，處處都可以使我們的靈魂染上疾病。我還堅信，人們的精神之所以產生迷亂，就是由於普遍缺乏一種有力、持續的宗教信念的支撐。

哈佛大學的心理學家羅伯・懷特，在其《進步的生活：性格自然成長的研究》這部發人深省的著作中提到，現今有一種非常流行的觀念，它就是：「人必須調整自己，以適應周圍環境的各種壓力。」懷特博士還向人們指出，這個觀念是基於一種理想，也就是認為：「人可以毫無問題地去適應各種狹窄的管道、單調的例行公事、強制性的規定及達成角色任務的各種壓力，但是他是否可以成就一番作為，必須看他是否具有拒絕、幫助成長或是改進角色的能力，並且要能創造、表現出積極的力量。換言之，就是在其成長過程中，要使自己具有一種創意性的方針和態度。」

對自己表示不喜歡的人，表現的症狀之一就是過度自我挑剔。適度的自我批評是健康的、有益的，對自我求進步極有必要。但是如果不把握好這其中的分寸，會使我們的積極行為受到嚴重影響。

許多年前，有一位女學員與我談話，她向我抱怨她的演講沒有達到自己預期的效果。

她說：「我站起來演講的時候，立刻意識到自己笨拙和膽怯。班上其他學員似乎都顯得泰然自若，信心十足。我一想到自己的許多缺點，就失去繼續講下去的勇氣。」

接著，她十分詳細地對我分析她的弱點。

我告訴她：「不要只想著自己的缺點。要知道，不是缺點使你的演講不成功，而是你沒有把自己的長處發揮出來。」

事實確實如此，不是缺點使我們的演講、藝術作品或個人性格顯得失敗。莎士比亞的戲劇裡有許多歷史和地理上的錯誤；狄更斯的小說也有許多過度矯情的地方。但是誰會在乎這些缺點？這些作品閃耀著不朽的光輝——由於它們的優點那麼顯著，以至於把缺點掩蓋了。我們喜歡身邊的朋友，是因為他們的各種優點，根本不在乎其缺點。

說到這裡，大家應該學會，把注意力放在自身的品格上，培養優點，克服弱點，才可以不斷進步並且自我實現。我們也會隨時出現一些閃失，但不必一直放在心上。

為了可以喜歡自己，我們必須培養自己面對自身缺點時的耐心。這不意味我們必須降低水準，變得懶惰、糊塗或不再盡心盡力，這是表示我們必須瞭解一個事實：沒有人能永遠達到百分百的成功率，包括我們自己。期待別人完美是不公平的，期待自己完美則是愚蠢至極。

我曾經參加一個組織，其中有一位女會員非常崇尚完美主義。她對每件事都力求精確，因此凡事不肯委諸他人，必須親自去做。做一個報告，她也要花費許多時間研究；至於演講，就更要準備得精疲力竭為止。她非常不喜歡別人不打招呼就到她家去，每次請客她都要事前計畫得盡善盡美。最終的結果呢？她終於把每件事都料理得井井有條，而她所表現出的，是一種冷酷的、機械性的完美，不包含一點歡樂、自在或溫情。這樣的完美，有誰會喜歡？

不可否認地說，要求自己隨時保持完美，是一種極其殘酷的自我主義。那表示：我們不能僅表現得和別人一樣好，而是要超越其他人，要像明星一樣閃閃發亮；重點不是自我發揮，不是為了把事情做好；注重的是要勝過別人，使自己達到超越別人的地位。

身為現實生活中的人，完美主義者也如同一般人一樣會犯錯、會失敗。但是他們不能忍受這樣的狀況，進而會痛恨自己，不喜歡自己。

在這裡我們建議，千萬不要這麼苛待自己。有時候，我們要練習自我放鬆，取笑自己的某些錯誤，要學會去喜歡自己。

在之前我曾經提到，要每天給自己獨處的時間，進而更清楚地認識自己。殊不知，獨處也是學習喜歡自己的好方法。馬里蘭州巴爾的摩「賽頓心理學院」的醫療主任李奧．巴德莫醫師曾經寫過：「人們經常習慣在晚上休息時冥想當日的各種活動。這種獨思冥想的習慣，對於學習如何與自己相處，是一種上上之策。」

在日常生活中，除非我們可以與自己好好相處，否則很難期待別人喜歡與我們在一起。哈里・愛默生・福斯迪克曾經觀察那些不能獨處的人，形容他們好像「被風吹襲的池水一樣，無法反映出美麗的風景來」。

如果我們要依賴別人才可以得到快樂與滿足，顯然會為別人增添負擔，並且影響到彼此之間的和諧、平等關係。要喜歡、尊重、欣賞自己，這樣不僅可以培養健康成熟的個性，也可以提高自己人際交往的能力。

如果想要使自己變得更成熟，第六項原則是：

瞭解並且喜歡自己。

堅持自我本色

想要成為真正的「人」，必須先是一個不盲從因襲的人。你心靈的完整性是不可侵犯的……當我放棄自己的立場，而想用別人的觀點去看一件事情的時候，錯誤就造成了……

以上是拒絕盲從的拉爾夫・沃爾多・愛默生所講的名言。這對喜歡強調由別人的觀點來看事情，以增進人際關係的人來說，是一種非常強大的震撼。

或許我們可以將愛默生的話這樣來理解：「要盡可能由他人的觀點來看事情，但不可因此而失去自己的觀點。」假如成熟可以帶給你什麼好處，那就是發現自己的信念，以及無論遇到怎樣的因素，都維持著實現這些信念的勇氣。

我們處於一個陌生的環境，又沒有豐富的經驗可以參考時，最好的方法就是順應一般人的標準，直到自己的經驗和信心足以給我們力量，然後才可以照著自己的信念和標準去做。若是還不清楚自己反對的對象或理由便貿然從事改革，只能說是蠢人的行為。

不管怎麼樣，時間會給我們機會，讓我們歸結出一套屬於自己的價值體系。舉例來說，我們會發現誠實是最好的行事方針。這不僅是因為許多人這麼教導我們，也是由我們的觀察、經歷和思索的結果。很幸運的是，對整個社會來說，大多數人都對某些生活上的重要基本原則表示同意，否則這個社會將會變得混亂不堪……

像追求安全感一樣，人們喜歡順應環境，最後往往使自己成為環境的奴隸。對我們來說，真正意義上的自由，應該是接受生活的各種挑戰，是要不斷奮鬥，並且經歷各種爭議。著名的戰地特派員愛特加・莫勒說過：「一般男女不會因為追求消極性的德行（例如：順應環境、安全或一般所謂的幸福）而達到人格的完整性，而是憑藉承受重擔以達到卓越的境地（這也是最大的幸福）。健康的人從來不逃避困難，我們的祖先一直瞭解這一點。」

我在之前曾經對接受責任這個問題進行討論，並且認為這是邁向成熟的第一步。從這個觀點來理解，成長應該解釋為：在父母的保護庇蔭之下，逐漸使自己獨立發展起來。

我們如果真的達到成熟階段，就不再需要後退躲進怯懦者的避難所，也就是說不會去順應環境；不必躲在人群中，不敢把自己的獨特性顯現出來；不必盲從別人的思想，而要凡事有自己的主張或觀點。

我們內心存在某種信念時，成熟的性格可以使我們堅持這個信念，也可以驅使我們去遵行這些信仰。每個人對社會都負有一種責任，就是運用自身具備的各種能力，對社會做出更多有意義的貢獻。

在這一點上，愛默生採取的堅定立場贏得我的敬重。他在世的時候，有很多從事反奴隸或是其他改革運動的人希望得他的支持，但都遭到拒絕。愛默生當然同情這些運動，也都希望他們能做得很好。但是他卻不認為應該把自己的精神與能力放到這些運動上，因為那不是他的特長所在。他始終在堅持這個原則，雖然這樣做會遭人誤解，他卻全然不顧這些。

堅持一項眾人不支持的原則，或不隨便遷就一項普遍為人支持的原則，都不是件輕鬆的事。一個不隨波逐流的人，在受攻擊的時候堅持信念到底，就表示他具備極大的勇氣。

有一次，我去參加某個社交聚會，話題轉入近來發生的某個議題。當時，在場的人全部贊成某個觀點，只有一位男士提出了不同的建議。他先是客氣地不表示意見，後來因為有人單刀直入地問他的看法，他才微笑著回答：「我本來希望你們不要問我，因為我與各位的觀點不同，我不希望這個愉快的聚會因為我變得不和諧。但既然你們問了我，我就把自己的看法說出來。」接著，他把看法簡要地說明一下，立刻遭到大家的圍攻。只見他堅定不移地固守自己的立場，毫不讓步。結果，他雖然沒有說服別人同意他的看法，但是他堅守著自己的信仰，沒有做別人思想的應聲蟲，因而贏得大家的尊重。

認為自己負有某種特別使命的人，不需要你向他們發表什麼有關人性價值的長篇大論，通常為熱忱的使命感所驅使，義無反顧地去面對各種挫折與困境。

但是像我們這樣的一般人，經常搖擺於各種團體的壓力之間。因為我們認為：假如有很多人反對，一定是我們錯了。我們的信念經常被絕大多數所壓倒。當大多數人反對我們時，我們會對自己的判斷產生極大的懷疑。

還有人覺得：那些不隨波逐流的人，通常是一些古怪、喜歡譁眾取寵或喜歡標榜「與眾不同」的人。我們不會以為一個在大街上打赤腳的人，或是一個留鬍子的人，或是穿著T恤參加正式宴會的人，或是在劇院內抽雪茄的女士，是一些崇尚自由的獨立人士，反而會以為他們像動物園裡的猴子一般，文明程度不是很高。

不得不承認，我們今日最難要求自己達到「保持自己的真面目」。在這個充滿大眾產品、大眾傳播、填鴨式教育的當今社會，認清自己的本來面目很難，要維持自己的本來面目更難。舉一個例子來說，我們常以一個人所屬的團體或階層來區分他們的屬性，如「她是上班的已婚婦女」「他是工會的人」「他是自由派」「他是反動份子」。幾乎每個人都被貼上標籤，同時也毫不留情地在為別人貼標籤。

普林斯頓大學校長哈洛・達斯十分關心與重視順應群體與否的問題。有一年，他在學生畢業典禮上，發表一篇題目為《成為獨立個體的重要性》的演說，內容大致如下：

無論你受到多大壓力，就算它使你不得不改變自己去順應環境，但是只要你具備獨立的個性氣質，你就會知道，不管你如何盡力想用理性的方法向環境投降，你仍會失去自己所擁有的最珍貴的資產——自尊。想要維護自己的獨立性，可以說是人類具有的神聖需求，是不願當別人橡皮圖章的尊嚴表現。隨波逐流雖然在短暫的時間內可以使你得到某種情緒上的滿足，與此同時，它也在隨時干擾你平靜的心靈。

卡內基
遠離焦慮，
擁有快樂生活。

在這場演講結束時，達斯校長做出一個深刻的結論。他表示：「人們只有在找到自我時，才會明白自己為什麼會到這個世界上、要做什麼事、以後將要到什麼地方去等這類問題。」

一九五五年六月，澳洲駐美大使波西・史班德爵士受任為紐約聯合大學的名譽校長時，也發表一次演講，內容如下：

每個人的生命意義在於，要把自身所具有的各種才能發揮出來。我們對自己的國家、社會、家庭，都具有責任。這是我們之所以存活在這個世上的理由，同時也可以使我們的生活更加豐富多彩、有意義。如果我們不履行這些義務，社會就會出現混亂，我們的天賦和獨立性也得不到發揮。我們有權利、也應有一個神聖的機會去培養自己的獨特性，並且從中追求快樂與幸福。

如果想要使自己變得更成熟，第七項原則是：

堅持自我本色。

不要做令人討厭的人

在我們的日常生活中，許多人總是在不斷地給他人製造乏味，令人生厭。這種行為說不上什麼罪過，也不算什麼不軌，卻會對周圍的人產生損害。而且我們生活的世界也無法將這些令人乏味的人或事隔絕開來，使它們不至於總是糾纏我們。現在的醫學十分發達，可以治療許多疾病，但至今似乎仍沒有聽說，有可以治療「令人乏味」這種疾病的藥方。

面對「令人乏味」這種疾病，如果預防是最佳的治療方式，在治療這種疾病之前，我們必須先診斷出這種疾病的原因，現在先來分析這些「令人乏味的人或事」所產生的條件或方式。

以下幾種情況最會令人生厭，如果我們事先瞭解在自己身上是否發生這些情形，並且在今後加以避免，不是就會成為一個受歡迎的人嗎？

說話不把握重點

著名作家馬克・吐溫有一篇作品，是模仿一個嘮叨乏味的人，如何漫無邊際地描述一件事情，卻從沒有講到要點的經過。故事是這樣的：

啊，我跟你講過我到西部參觀哈比印第安村的事情嗎？我們是星期五早上出發……啊，不，應該是星期四。我告訴過你我們得星期四走，因為星期三我要去看牙醫。我上面的牙有點鬆動，必須讓牙醫幫我修理一下。那個牙醫真是囉唆，不停地講個沒完沒了，幸好他還懂得做生意。我曾經和主管提到他，說到我的主管，他真是一個怪人，做什麼事總要依靠我，因為他總是心不在焉。有天，我對愛拉說：「愛拉，假如我哪天辭職了，你想我的主管會怎麼辦？」愛拉回答：「假如你辭職了，我就要回家去找媽媽。」這不是很幼稚嗎？

結果，你一直都不知道那個哈比印第安村究竟是怎麼回事！

甘願當「啞巴」

這種典型的人，比較起健談的人當然佔少數，但也非常值得一提。

當你絞盡腦汁想要找出一個意氣相投的話題來當作談話的材料，卻發現完全是對牛彈琴。你試了又試，想要逗他講出一些東西，但是你看到的只是一個沒有表情的臉，或聽到幾聲單調的「哦」而已。如果你算幸運，或許可以聽到一句比較具體的問話——「是嗎」以作為你「單人秀」的獎品。

這種人似乎不存在任何感性心理。想從他身上挖掘出什麼智慧或禮貌性的反應，就像到外星球去發行股票一樣困難。他們不會對你或是你的話題感興趣，只會永遠保持那種馬鈴薯似的安靜，絕對不受到外界的任何影響。

不停地談論小孩或寵物的事情

「你的小孩好嗎？」作為一句最普通的問候語，卻最會招來人們的反感。

這個類型的問候語通常不具什麼價值，但是只要一打開話匣子，你便得枯坐在那裡，讓滔滔不絕的話題把你淹沒。這類談話內容通常是這樣的：

你知道，麥克近來就是不肯好好吃早餐。就是昨天，他把整碗麥片倒翻過來，蓋在自己的頭上。你看，真是調皮透頂了！於是，我打電話給小兒科醫師。醫師問我有沒有試試看把麥片加點香蕉。但奇怪的是，麥克從來就不喜歡吃香蕉。他是比同齡的小孩長得快，我們附近沒有一個小孩像他這麼有表達能力，真是奇怪！對了，前幾天，他還把桌巾從桌上拉下來，然後用那對漂亮的黑眼珠子望著我，說：「麥克拉拉。」我和他爸爸差點笑死了。

像這種沒完沒了的說話方式，聽到這裡，相信你也會崩潰。

令人無奈又可恨的是，這種人可以把各種話題輕易地引到他想要說的方向，無論是多麼風馬牛不相及的事情，都可以立刻「言歸正傳」。你想要岔開話題是非常困難的，因為他們只喜歡談自己的寶貝孩子。

實際上，這些都是心靈不成熟的人的表現，因為他們還不懂得交友的第一個原則——為別人著想。

不管談論的話題是什麼，都一直在爭論

與這種類型的人談話時，任何話題都會像回力球一樣，反彈打到你臉上。

這個類型的人似乎知道每件事的結果，並且可以用幾句話，很有效率地結束任何討論，使別人沒有第二次發言的餘地。假如你和他有不同的觀點，他會毫不客氣地站起來反駁你：「天啊，你瘋了嗎？難道你不知道這件事情早經證實，就是……」

這種缺乏情趣與理性的人，其實也是不成熟的表現。麻煩的是，他們總會告訴你一些斷然的、魯莽的事，而且這些事也不是你特別感興趣的。

面對這種人，只有一個應付方法：就是無論他講什麼，你都要點頭表示贊同。否則，就會開始一場消耗戰，將你折騰得精疲力竭。與這種人交談，你很難期待能彼此討論或交換看法，因為他只注意如何把自己的意見說清楚，並且像法律那樣具有不可侵犯的權威性。

永遠悲觀的人

這個類型的人對於任何事都表現得十分悲觀。在他們眼中，這世界簡直像地獄一樣。他們對人生沒有什麼指望，認為人世間到處是傻瓜、騙子和各式各類惡毒的人，甚至還會認為氣候也變得更壞了。

如果你與這種人在一起交談，談不到十分鐘，可能就會不知不覺地感染上這種悲觀，變得悶悶不樂起來。因為這種氣氛跟壞天氣一樣，具有不良的影響力，無論自己的情緒有多好，只要氣候一變，就會很難掙脫風暴的糾纏。

以上我們論述的這些令人苦惱的人士，最讓人無奈的是，他們不知道自己的言談令人生厭。正如我們所說，沒有人會故意惹人討厭。這些人，他們認為自己是聰明伶俐的社交家、是各種集會的活力源泉、是提供情報或珍貴資訊的人。也許你和我也是這個類型的人，只是自己還沒有發現。

讓人感到欣慰的是，這類狀況還是有跡可循的，只要我們留心觀察，隨時警覺，應該能及時挽回我們的聽眾。

例如：在我們演講的過程中，有些聽眾會現出不自然的微笑或眼神。如果我們滔滔不絕地談到自家的孩子如何討人喜歡時，發現聽眾坐立不安、心神不寧的樣子，我們就要懂得趕快把話題打住，或是讓對方也有機會談談他們家的孩子。

另一個值得關注的細節，是對方開始偷偷地看手錶。假如，他們開始用力甩手表，或是把手錶拿到耳朵旁邊，其所要表達的意思就更明顯了。

如果你那個時候不立刻停止話題，就要明白對方已經開始在內心嘀咕，甚至開始咒罵。對於公開演講的人士來說，更應該隨時注意這種臉部的「晴雨錶」。

此外，還有一項不可忽略的警示，那就是飄忽的眼神，那是對方對眼前的話題不感興趣的象徵。

此時或許你會問：以上談到的問題，與心靈的成熟究竟有何關係？

我們可以以此為答案：言語乏味可以顯示出說話的人缺乏智性、想像力和對人的敏感性，而這些特性都是完成健全人格、能對別人有正常反應所不可或缺的重要因素。

言語乏味的人由於無法使別人瞭解自己的基本需要，並得到滿足，因此在與別人交往的過程中，也很難去瞭解並滿足他人的需要。為了使內心的空虛得以補償，這種人會把注意力集中在一些瑣事上，並且還會對這些瑣事過分關注。

他的精神與他的溝通方式一樣毫無趣味，言語乏味是人格生病的一種症狀，也是人格不再成長的一種現象。

一個人如果是心靈成熟，或是心智繼續成長，就可以與人討論任何事情而不致引人生厭。因為凡是由他處理的事，都會變得有意義。同樣的事情，言語乏味的人處理起來是毫無趣味，但是成熟的人卻能將其變得活潑而富有朝氣。

所以，如果想要使自己變得更成熟，第八項原則是：

不要做令人討厭的人。

先使自己讓人喜歡

年少時，我有一種愚蠢的心態，既渴望友情卻又想和別人保持距離。我這種心態正和大多數人一樣，既想讓別人對自己感興趣，卻不肯花時間來讓別人接受自己。

生活中，我經常聽到許多這樣的抱怨：「沒有人會對我感興趣」「別人不想認識我」或是「我性情過於羞怯，很難引起別人注意」等。

不錯，別人為什麼要接近、喜歡你？這世界沒有任何人有義務非要喜歡你或我。有什麼特別理由別人會特別選中你？除非你具有他們所喜歡的特質，否則他們沒有必要接近你。

中國的孔子有一句名言的意思是：「最重要的，不是別人有沒有愛我們，而是我們值不值得被愛。」與他人相處時，想要贏得別人的友誼或感情，先不要擔心別人是否喜歡我們，而是要用心去改善自己的態度，並且增進可以讓別人喜歡你的品格。

瑪麗安・安德遜曾經生動地描述過她早期的生活。那個時候，她事業失敗很不得志，幾乎準備放棄歌唱生涯。後來，憑藉心靈的追求，她逐漸恢復勇氣和信心，準備繼續為自己的事業奮鬥下去。「我要再唱下去！我要每個人都喜歡我！我要繼續追求完美！」她這樣對自己的母親說。

母親聽到以後，高興地回答：「很好啊！這是很好的志向。但是，你必須知道，人在成就偉大的事業之前，必須先學會謙卑。」瑪麗安聽後深受感動，因此決心在音樂造詣上「力求」完美，而不是「想要」完美。「謙卑先於偉大。」這是母親送給她最美的禮物。

大家都知道，人們在玩高爾夫球時，眼光通常都集中在球上。我在向學生教授人際交往的技巧時，通常會告訴他們把注意力集中在要傳達的資訊上。假如你做事過於在乎結果，就容易產生緊張、害怕、表達不良等副作用，反而達不到你的預期效果。

我也是歷盡千辛萬苦才得到這個教訓。過去，我膽子小，經常受人欺負，例如：餐館的服務生、計程車司機、火車站的搬運工人，都經常嚇唬我。此外，我非常不喜歡，也非常害怕公開演講，要我站在眾人面前講點話，簡直比登天還難。

許多年前，在準備發表一場演講時，打聽到當時的聽眾相當難纏。我事前與一位好朋友共餐，不自覺地就將緊張情緒表現了出來。我神經兮兮地問那位朋友：「假如聽眾不同意我講的話，怎麼辦？假如他們不喜歡我，該怎麼辦？」

朋友回答：「不錯，他們為什麼要喜歡你？你可以給他們做什麼？你認為自己要講的話很重要嗎？」

我承認，那些東西對我來說有重大意義。

朋友繼續說：「很好。我不覺得聽眾是否喜歡你有多重要，重要的是你有沒有把想表達的資訊傳達出去。至於他們喜歡或討厭你，你又何必在乎？至少，你已經完成自己的任務。」

經過朋友的這一番指點，我改變自己對整個演講的看法。現在，每當準備發表演講時，我都會在事前先靜心禱告：「神啊，求你幫助我傳達出對這些聽眾有益的資訊來，讓他們有所收穫，滿心歡喜地回家。」對我來說，這樣的禱告非常有用，我也確實希望可以對聽眾有所幫助。這樣的禱告讓我變得謙虛，使我認識到自己只是一個傳達某些資訊的演講者，而不是要顯露自己的學問或風采。我要展示的是那些對聽眾會產生鼓舞性的思想，並且希望對他們的生活產生幫助。

得到友誼的最佳方法，是必須注重施予，而不是獲得，而不是靠一時的吸引或哄騙。所謂贏取友誼的能力，不是指勾肩搭背、與人攀談、動作滑稽、講一些逗趣的笑話。那應該指的是一種心境、一種處世的態度或是一種願意把自己的愛、興趣、注意力及服務精神獻給他人的願望。我的一位朋友就將這一點做得很好。

他是一位著名的作家，名叫荷馬・克羅伊。在人際交往上，他很有自己的一套。凡是遇到他的人，無論是百萬富翁、清潔工、婦孺老幼，都會在與他第一次相處中對他產生好感。為什麼？克羅伊既不年輕，又不英俊，更不是百萬富翁，他有什麼可以吸引人的魅力？很簡單，因為他一點也不矯揉造作，並且能讓別人感覺到他內心的真誠。

朋友家的僕人會特別用心為他準備餐點，小孩也會爬到他的膝上，而且，假如有人宣布：「今天晚上，荷馬・克羅伊會到這裡！」當天參加宴會的人一定是滿滿的。除了朋友間深厚的感情之外，荷馬・克羅伊的家人也都十分敬愛他。他的妻子、女兒，還有幾個孫兒女，都非常喜歡他。

這位作家究竟是用什麼方法來贏得這種幸福？其實很簡單，就是待人誠懇、熱愛人類而已。對他來說，對方是什麼人，或做什麼事，他都不會在意。每個人在他面前都具有重要意義，每個人都值得他去付出關愛。每次遇到陌生人，他都可以用最快的速度像老朋友一樣交談起來。在這其中，不只談自己的事，而是盡量談對方的事。他由問問題，可以知道對方是從哪裡來，做什麼事，有沒有什麼家人等。他不會嘮叨個不停，只是向對方表示自己的興趣和關心，進而增進彼此的友誼關係。

面對這樣熱心的人，相信每個人都會像陽光下的花朵一樣吐露芬芳。正像約瑟夫・格魯大使所說的：「外交的秘訣僅在五個字：我要喜歡你。」

荷馬・克羅伊從來不擔心要如何結交朋友——因為每個人都是他的朋友。他不在意別人是否喜歡自己，而是專心一意去喜歡別人，結果反而達到「無心插柳柳成蔭」的境界。

如果想要使自己變得更成熟，第九項原則是：

要讓別人喜歡你，先要使自己讓人喜歡。

第三章

走出孤獨憂慮的人生

How to Have A Happy Life
and No Anxiety

Carnegie

走出孤獨憂慮的人生，分為以下八個步驟：

一、解開憂慮之謎；二、減少憂慮；三、讓自己忙起來，改掉憂慮的習慣；四、不要為一些應該忘記的小事憂慮。

五、回想以前的經歷，根據機率問問自己，現在擔心會發生的事情可能發生的機率是多少；六、接受不可避免的事實；七、我們想要掏錢購買的東西不一定划算，問問自己：我應該為此物付多少錢？我所付的是不是已經超過它的價值；八、不要試著去鋸木屑。

解開憂慮之謎

之前提及威利斯・開利消除憂慮的萬靈公式，是否可以解決你所有的憂慮？不能，它不是萬能的。

既然這樣，我們應該怎麼辦？答案是——我們一定要學會以下三個分析問題的基本步驟，並用它們來解決各種不同的困難。三個步驟如下：

第一步：看清事實。

第二步：分析事實。

第三步：做出決定，然後依照決定行事。

這是亞里斯多德教給人們的方法，他也使用過這些方法。我們如果想解決那些壓迫我們、使我們生活整天像在地獄中的問題，我們就必須把這些方法應用到實際生活中。

我們首先來看第一步：看清事實。看清事實為何如此重要？因為除非我們看清楚事實，否則就不能很聰明地解決問題。沒有這些事實，我們只能在混亂中胡亂摸索。

這不是我自己研究出來的，而是哥倫比亞大學、哥倫比亞學院已故院長赫伯特‧霍克斯所說的。他幫助過二十萬中學生解決他們憂慮的問題。他告訴我：「混亂正是導致憂慮的主要原因。」他認為人們的憂慮有一大半是因為人們沒有足夠的知識作決定而產生的。他說：「例如，如果我有一個問題必須在下星期二以前解決，在下星期二之前，我絕對不會試著做什麼決定，我將在這段時間裡集中全力去收集有關這個問題的所有事實。我不會煩惱，不會為這個問題而難過，更不會失眠，會全心全意地收集所有的事實。等快到星期二的時候，我如果已經看清所有的事實，一般來說，問題也已經得到解決了。」

我問霍克斯院長，這是否就證明他已經完全把憂慮拋開了？「是的，我想我可以老實說，我現在的生活完全沒有任何憂慮。我發現，」他繼續說，「如果一個人可以把他所有憂慮的時間都用在以一種很超然、很客觀的態度去尋找事實，在知識的陽光下，憂慮就會全部消失。」

可是，多數的人是怎樣做的？如果我們要考慮事實——愛迪生曾經說：「一個人為了避免花時間去思想，往往會採用各種手段。」也就是說我們通常會像獵犬那樣，去找尋那些我們已經想到的，而把其他的一切忽略掉了——我們只需要那些適合我們的事實，那些只適合我們原有偏見的事實、只適合我們的如意算盤。

正如安德烈‧馬爾羅說的那樣：「一切和我們的個人欲望相適合的，看來都是真理，其他一切只會使我們感到憤怒。」

怪不得我們會覺得，要得到我們問題的答案是如此困難。這好比我們一直假定二加二等於五，這不是連一個二年級的算術題都不會做了嗎？但事實上，世上確實有很多人堅持認為二加二等於五，或是等於五百，以至於把自己的日子和別人的日子都搞得很不舒服。

面對這樣的情況，我們應該怎麼辦？我們應該將感情因素從思想中摒除，正如霍克斯院長所說的，我們必須用「超然、客觀」的態度看清楚事情的本質。

在憂慮的時候要這樣做，不是一件簡單的事。當我們憂慮的時候，往往會情緒激動。但是，我還是找到兩個方法，對我們看清所有的事實很有幫助：

第一，在收集所有事實資料的時候，我假裝不是在為自己收集這些資料，而是在為別人做這件事情，這樣使我可以保持冷靜而超然的態度，對我們控制自己的情緒也很有幫助。

第二，在清查造成自己憂慮的事實時，我有時候還要將自己假設成對方的律師——換句話說，我也要收集一些對自己不利的事實，收集那些有損我的希望，和一些我不願意面對的事實。

做完這兩步以後，我會把這一邊的和另一邊的所有事實都寫下來。這個時候，我通常會發現，真理就在這兩個極端之中。

這就是我要說明的一個要點：如果不事先看清楚事實，你、我、愛因斯坦，甚至連美國最高法院，也不能對任何問題都做出聰明的決定。愛迪生就很清楚這一點，在他死後遺留下來的兩千五百本筆記中，所寫的都是他面臨的各種問題的事實。

所以，排解憂慮的第一個方法就是看清事實。讓我們仿效霍克斯院長的方法吧：在沒有以客觀態度收集所有的事實之前，不要想著怎樣才可以把問題解決。

如果你不對事實進行分析和解釋，即使把全世界所有的事實都收集起來，也不會對我們有一點幫助。以我的經驗來說，如果先把所有的事實寫下來，然後再做分析，事情就會容易得多。事實上，只要在紙上記下各種事實，把我們的問題明明白白地寫出來，就可以促使我們做出一個合理的決定。

中國有一句俗語叫「百聞不如一見」。讓我用實例來告訴你這種方法的成績，我要告訴你，一個人怎樣把我們以上所說的真正運用到實際生活中。

以格蘭・李克菲的事情來說。好幾年以前我認識這個人，他在遠東地區是一個非常成功的美國商人。一九四二年，日軍侵佔上海，李克菲先生正在中國。他在我家做客時，講述以下的故事：

日軍轟炸珍珠港之後不久，又攻佔上海。當時，我是上海亞洲人壽保險公司的經理。他們派來一個所謂的『軍方清算員』（實際上是一位海軍上將），命令我協助他清算我們的財產。面對這種事情，我沒有任何方法，要不就跟他們合作，要不就完了──而所謂完了，就是死在他們的刀下。

我只有遵照他們的命令行事，因為我無路可走。但是，我沒有將一筆大約七十五萬美元的保險費填寫在清單上。我之所以不填進去，是因為這筆錢屬於我們香港的公司，跟上海公司的資產沒有任何關係。但是我還是擔心如果日本人發現這件事情，可能會對我非常不利。果然，很快就被他們發現了。

他們發現這件事情的時候，我恰巧不在辦公室，我的會計部主任正好在場。他告訴我，那位日本海軍上將大發脾氣，還拍桌子直罵人，說我簡直是叛徒、強盜，還說我侮辱了日本皇軍。我知道他說這些話是什麼意思，我想我可能會被他們抓去關進憲兵隊。憲兵隊也就是日本秘密警察的行刑室。我就有幾個朋友，他們情願自殺，也不願被送到那個地方去。我還有一些朋友在那裡被審問十天，受盡各種酷刑之後，死在了那裡。我現在也可能要被關進憲兵隊。我應該怎麼辦？得到這個消息的時候是在一個星期天的下午，我當時應該嚇得要命。如果我找不到解決問題的方法，我一定會被嚇死的。多年來，每當我擔心的時候，總會坐在我的打字機前，打出以下兩個問題，然後再讓自己想出問題的答案：第一，我擔心什麼？第二，我可以怎麼辦？

剛開始時我不會把問題寫下來，只是在心裡回答這兩個問題，但是幾年以前我就不再那樣做。我發現，同時把問題和答案都寫下來，可以使我的思路變得更清晰。所以，就在那個星期天的下午，我直接回到我在上海基督教青年會的房間，取出打字機，打下以下的那些內容：

第一，我擔心什麼？

我擔心明天早上會被關進日本憲兵隊裡。

第二，我可以怎麼辦？

對於這個問題，我花了幾個小時的時間去思考，寫下了我可能採取的四種行動，以及每一種行動將會為我帶來什麼結果。

一、我可以試著向那位日本海軍上將解釋這件事情。可是他不會說英文，若是我找翻譯對他解釋，很可能會讓他生氣，我可能只有死路一條。因為他是一個很兇殘的人，我寧願被關進憲兵隊裡，也不願和他作無用的交談。

二、這是最直接的一種——我可以逃走。但這是不可能的，因為他們一直都在監視我。我在基督教青年會進出都要登記，如果我想逃走，被他們抓住後很可能直接被槍斃。

三、我也可以留在房間裡，不再上班。但是如果我這樣做，那位日本海軍上將就會起疑心，他也許會派人來抓我，根本不給我任何說話的機會，直接把我關進憲兵隊。

四、星期一早上，我跟平常一樣去公司上班。如果我這樣做，那位日本海軍上將很可能正在忙著，而忘掉了我的事情。而且他即使想到了，也可能已經冷靜下來，不再來找我麻煩。如果是這樣，我就沒有麻煩了。甚至即使他還來找我，我仍然有向他解釋的機會，所以我應該和平常一樣，在星期一早上去辦公室，當作什麼事情都沒發生。

等我把這件事情想通之後，我決定採取第四個計畫——和平常一樣，在星期一早上去上班。之後，我鬆了很大一口氣。

第二天早上，我走進辦公室的時候，那位日本海軍上將坐在那裡，嘴裡叼著香菸，像平常一樣看了我一眼，但什麼話也沒說。六個星期之後，天啊，謝天謝地，他總算是被調回東京去了，至此，我的憂慮全部消失了！

正如之前所說的，我之所以能撿回這條命，大概就因為我在那個星期天下午寫出各種不同的情況，以及每一個步驟可能產生的後果，然後很鎮定地做出決定。如果我不採取那樣的做法，我可能會思想混亂，或是猶豫不決，以至於在緊要關頭出錯。如果我沒有分析我的問題並且做出決定，整個星期天下午就會心急如焚，當天晚上也會失眠，星期一早上上班的時候，也很可能滿臉驚慌和愁容——僅此一點，就會使那位日本海軍上將起疑心，使他採取其他行動。

經驗證明，逐漸做出決定，確實有極大的幫助。我們都是因為不能實現既定的目的，而且不能控制自己，總是局限在一個令人難以忍受的小圈子裡，才會窘迫導致精神崩潰。我發現如果很清楚、很確定地做出某種決定之後，五〇%的憂慮都會消失，另外的四〇%通常也會在我按照決定去做之後消失得無影無蹤。

採取以下四個步驟，通常就可以消除我們九〇%的憂慮：

第一，很清楚地寫下我們擔心的是什麼。

第二，寫下我們可以怎麼辦。

第三，決定該怎麼辦。

第四，立刻就照決定去做。

現在，格蘭．李克菲已經成為亞洲最重要的美國商人之一，他很誠懇地告訴我，他的成功應歸功於這種分析憂慮，並且敢於正視憂慮的方法。

懷特．菲利普是奧克拉荷馬州最成功的石油商人，我問過他是如何把決心付諸行動的，他回答：「我發現，如果在超過某種限度之後，還一直不停地思考問題，一定會產生憂慮，造成混亂的情況。當調查和思考過度對我們有害的時候，也就是我們應該下定決心、付諸行動、不再回頭的時候了。」

你為何不運用格蘭．李克菲的方法來解決你的憂慮？以下就是走出孤獨憂慮的人生的第一步：

第一個問題——我擔憂什麼？

第二個問題——我可以怎麼辦？

第三個問題——我決定怎麼做？

第四個問題——我什麼時候開始做？

減少生意上五〇％的憂慮

如果你是一個商人，看到這個題目後，你也許會對自己說：「這個話題實在荒謬至極，我做這一行已經十幾年了，如果說有誰知道這個答案，那個人當然就是我。竟然有人想要告訴我如何減少生意上五〇％的憂慮，這種做法真的是太荒謬了。」

確實是這樣，一點也沒錯。如果我在幾年前看到這樣的話題，也會有同樣的感覺。這個題目好像能幫助你解決很多事，但這種空頭話根本不值一文。我們開誠布公地看一下吧，也許我確實不能幫你減少生意上五〇％的憂慮，因為從我之前分析的結果來看，除了你自己之外，沒有人可以做到這一點。可是我可以做到一點，就是可以讓你看看別人是如何做的，剩下的怎樣做就是你自己的事情。

以下，我就告訴你一位商人是如何消除憂慮的，而且省下以前用來開會、解決生意問題的七〇％的時間。我不會告訴你那些你無法查證的故事，這個故事的主角是一個活生生的人。一直以來，里昂擔任西蒙與舒斯特出版社的高層主管，現在是紐約州紐約市洛克菲勒中心袖珍圖書公司的董事長。以下就是里昂講述的自己的經驗：

十五年來，幾乎每天有一半的時間我都要用來開會和討論一些問題。如果有人告訴我，我可以減去四分之三的會議時間，可以消除四分之三的神經緊張，我會認為他是一個盲目的樂觀主義者。可是，我現在確實可以擬出一個可以做到這一點的計畫。而且這個方法我已經用了八年，對提高我的辦事效率、我的健康和我的快樂來說，都產生極大的作用。

乍聽起來，這似乎是在變魔術——可是正如所有的魔術一樣，只要你弄清楚是怎麼做的，就會覺得非常簡單了。

這就是我的秘訣：

第一，我立刻停止這十五年來我們會議中所使用的程序。在以往，我那些同事會先報告問題的細節，最後再問：『我們應該怎麼辦？』

第二，我訂下一個新規定，任何人想要問我問題，必須事先準備一份書面報告，回答以下四個問題：

一、到底出了什麼問題？以前我們這種會議通常要開一兩個小時，可是大家還弄不清楚真正的問題在哪裡。我們經常開始討論我們的問題，卻不願意提前清楚地寫出來我們面臨著什麼問題。

二、產生問題的原因？我回顧了一下，竟然驚奇地發現，我雖然在這種會議上浪費了很多時間，卻沒有清楚地找出構成問題的基本情況。

三、可以解決這個問題的可能有哪些方法？在以前的會議是，只要有一個人提出一種解決方法，就會有另一個人跟他辯論，大家也都爭論起來，經常扯到題外去。開完會的時候，還沒有找到真正可以解決問題的方法。

四、你傾向於用哪種方法？以前和我一起開會的人，往往為一種情況擔心幾小時，並且不斷地繞圈子，從沒有想過什麼可行的解決方法，然後寫下來：這就是我建議使用的解決方案。

現在，我的下屬基本上不會再把他們的問題拿來找我。為什麼？因為他們發現要回答以上的四個問題，就必須收集所有的事實，仔細地考慮，當他們做了這些之後，會發現很多問題根本不用拿來找我商量，他們自己就可以解決。因為最合理的解決方案，會像麵包從烤麵包機中跳出來一樣不斷地湧現。即使是那些必須跟我討論的問題，所花的時間也只有以前的三分之一，因為討論的過程非常有秩序而且符合邏輯，最後都可以找到一個明智的結論。現在，在我們袖珍圖書公司的辦公室裡，不再有人花那麼多時間去擔心、討論出了什麼問題，而是用實際的行動解決問題。

美國最了不起的保險業巨頭——法蘭克·貝特格曾經告訴我，他不僅減少他在生意上的憂慮，而且使他的收入幾乎增加一倍，他使用的方法也與上述例子類似。法蘭克·貝特格說：

很多年以前，我剛開始做保險推銷業務的時候，對自己的工作充滿無限熱忱。但是後來發生一件事情，使我非常氣餒，我開始看不起這份工作，甚至想到過放棄。可是我突然想起一件事情。在一個星期六的早晨，我坐下來，想把自己憂慮的根源找出來。

第一，我對自己說：「問題到底在哪裡？」我的問題是：我拜訪過那麼多人，可是業績不理想。我跟那些希望很大的顧客都談得很好，可是在最後快要成交的時候，顧客就會跟我說：「啊！我想要再考慮一下。貝特格先生，以後再說吧！」於是，我又要再去找他，這樣就浪費許多時間，把我也弄得很頹喪。

第二，我對自己說：「有什麼解決方法？」可是要找出問題的答案，我就要提前研究以前的事實。我拿出過去十二個月以來的記錄本，仔細分析上面的資料。結果，我有一個非常驚人的大發現——我賣的保險裡，有七〇％是在第一次見面時就成交的，另外的二三％是在第二次見面的時候就成交的，而只有七％是在第三、第四，甚至第五次……才成交的。這些東西讓我覺得很難過，因為它很浪費時間。換句話說，我的工作時間幾乎有一半浪費在實際上只有七％的業務上，這樣做很不值得。

第三，「這些問題的答案是什麼？」答案很明顯，我立刻停止第二次以後的所有訪問，這樣多出來的時間，我用來尋找新的顧客。結果竟然令人難以置信：在很短的時間內，我就把以前平均每次賺二・八美元的業績，與之前相比，提高到四・二七美元。

法蘭克・貝特格在美國是一位很有名的人壽保險推銷員，他每年推銷出去的保險業務都在一百萬美元以上。可是他一度想要放棄他那份工作，幾乎就要承認自己的失敗。可是結果呢？對問題進行深入分析使他走上成功之路。

看了這些之後，你是否也可以把這些問題應用到你的業務上？你不妨問自己以下幾個問題，這是走出孤獨憂慮人生的第二步：

第一，問題是什麼？

第二，問題的起因是什麼？

第三，解決問題的方法有哪些？

第四，你建議用哪一種解決方法？

消除思想上的憂慮

巴斯德是法國偉大的科學家，他曾經談過「在圖書館和實驗室所找到的平靜」的問題。為什麼會在那裡找到平靜？因為在圖書館和實驗室工作的人，通常都埋頭於工作，沒時間為自己擔憂。做研究工作的人也很少精神崩潰，因為他們根本沒有時間像其他人那樣「奢侈」。

「讓自己忙著」是一件非常簡單的事情，為什麼這麼簡單的事情可以把憂慮從你的思想中趕出去？因為有這麼一個定理：一個人無論多麼聰明，都不可能在同一時間想幾件事情，這是心理學所發現的基本定理之一。讓我們來做一個實驗：假定你現在靠坐在椅子上，閉上雙眼，試著在同一個時間去想自由女神，以及你明天該做什麼事情。

這個時候，你就會發現自己只能輪流想其中的一件事情，不可能同時想兩件事情，對不對？就你的情感來說，也是如此。例如，我們不可能充滿熱情地想去做一些令人興奮的事情，同時又因為憂慮而拖延下來。一種感覺會把另一種感覺趕出去。就是這麼簡單的發現，使得軍方一些心理治療專家可以在戰時創造出了一個醫學奇蹟。

一些人因為無法承受戰場上的打擊而退役，罹患一種「心理上的精神衰弱症」。對此，軍隊醫生大多採取「讓他們忙著」的治療方法。除了睡覺的時間之外，這些在精神上受到打擊的人每時每刻都在活動，例如：釣魚、打獵、打籃球、打高爾夫球、拍照、種花、跳舞，根本不給他們回想自己那些可怕經歷的時間。

「職業性治療」是近代心理醫生發明的新名詞，也就是拿工作當作治療疾病的藥。這不是什麼新方法，因為在耶穌誕生的五百年以前，古希臘的醫生們就已經使用這種方法為人治病。

幾年前的一個晚上，我永遠也忘不了，我班上的一位學員馬利安・道格拉斯告訴我們他家裡遭受到的不幸，而且還不止一次。第一次，他失去五歲的女兒，是他非常疼愛的孩子。他和他的妻子都以為自己無法承受這個打擊，可是用他的話來說，「十個月之後，上帝又賜給我們一個小女兒，但是她只活了五天就又離我們而去。」

這種接二連三的打擊，幾乎使人無法承受。這位父親告訴我們：「我承受不了，我睡不著吃不下，也無法休息或放鬆。這些不幸的事情給了我精神上致命的打擊，使我信心全沒了。」最後，他去看了醫生。有一位醫生建議他吃安眠藥，另一位醫生則建議他出去旅行。他兩種方法都試了，可是對他都沒有用。他說：「我的身體猶如夾在一把鐵夾子裡，這把鐵夾子越夾越緊，越夾越緊。」那種悲哀給他帶去的壓力真的是太大了。

但是謝天謝地，我們還有一個孩子——一個四歲大的小男孩，他教我們找到解決問題的方法。一天下午，我悲傷地呆坐在那裡，他問我：「爸爸，你肯不肯為我造一條船？」當時，我沒有一點心情去為他造船。其實，我根本沒有心情做任何事情。可是我的兒子是一個很會纏人的小傢伙，我不得不按照他說的去做。為了給他造那條玩具船，我大概花了三個小時，等到船造好之後，我發現造船的三小時，竟然成為這段時間裡我最放鬆的時間。

正是這個小小的發現，使我從恍惚中驚醒過來，也使我想了許多——這是我幾個月來第一次認真思考。我發現，如果你忙著做一些需要計畫和思考的事情，就不會有時間憂慮。對我來說，造那條船時，我的憂慮全部消失不見，所以我決定讓自己不停地忙著。第二天晚上，我看了看每一個房間，把所有需要做的事情都寫在一張紙上。有許多小東西，例如書架、樓梯、窗簾、門鈕、門鎖、漏水的龍頭需要修理。讓人意想不到的是，我在兩個星期內竟然完成兩百四十二件一直以來需要做卻沒有做的事情。

此外，我還給我的生活增加富有啟發性的活動：每個星期抽出兩個晚上到紐約市參加成人教育班，並且參加小鎮上的一些活動。現在，我是校董事會主席，參加很多會議，並且協助紅十字會和其他組織機構募捐，現在我忙得已經沒有時間去憂慮。

「沒有時間去憂慮」，邱吉爾也說過這句話，當時戰事緊張，他每天要工作十八個小時。當別人問他是不是對如此沉重的責任感到憂慮時，他說：「我太忙了，我根本沒有時間憂慮。」

查爾斯．凱特林在研究汽車自動點火器的時候，也碰到過與之相似的情形。凱特林先生一直擔任通用汽車公司的副總裁，主管世界知名的通用汽車研究公司，不久前才退休。當年，他窮得只能租堆稻草的穀倉做實驗室，全家的生活開銷也只靠他太太教鋼琴所賺來的一千五百美元。後來，他不得不用他的人壽保險做抵押借來五百美元。我問他太太，她在那段時期是不是很憂慮？她回答：「當然，我擔心得睡不著，可是我的丈夫一點都不擔心。他整天沉浸在工作裡，根本沒有時間去憂慮。」

對人們來說，當工作使他們忙得團團轉時，「沉浸在工作中」就不會有時間憂慮。可是如果下班以後，也就是我們可以自由自在地享受我們的輕鬆和快樂的時候，憂慮之魔就會向我們襲擊。這個時候，我們經常會想各種問題，例如我們的生活有什麼成就，我們有沒有做好工作，老闆今天說的那句話是不是「有什麼特別的意思」，或是我們已經開始掉頭髮了……

我們閒下來的時候，大腦經常會變成一片真空。物理專業的學生都知道「自然界中沒有真空狀態」。例如：打破一個白熾燈泡，空氣就會立刻進去，從理論上說，充滿真空的那一塊空間。

當你的大腦閒下來時，也會有東西補充進去，是什麼東西？通常是你的感覺。為什麼？因為憂慮、恐懼、憎恨、嫉妒和羨慕等情緒，都是受我們的思想控制的，而這些情緒都非常強烈，往往會把我們思想中所有平靜、快樂的思想和情緒全部趕出去。

哥倫比亞大學師範學院教育系的教授——詹姆斯．馬歇爾，在這個方面說得很清楚：「憂慮對你傷害最大的時候，不是在你正忙著工作的時候，而是在你做完了一天的工作之後。那個時候，你的想像力會混亂，腦海中就會出現很多荒誕不經的事情，誇大每一個小錯誤。在這個時候，你的思想就像一輛沒有載重的車子，橫衝直撞，摧毀一切，甚至把自己也撞成碎片。消除憂慮的最好方法，就是做一些有意義的事情，讓自己一直忙著。」

並非只有那些教授才懂得這個道理，才可以把它們付諸實踐。我在戰時碰到一位住在芝加哥的家庭主婦，她將其經歷告訴我，說她如何發現「消除憂慮的最好方法，就是讓自己忙著，做一些有意義的事情」。當時，我正在由紐約到密蘇里州農莊的路上，在火車的餐車上碰到這位太太和她的先生。這對夫婦對我說，他們的兒子在「珍珠港事件」的第二天加入陸軍部隊。母親當時很擔憂她的獨生子，因此健康也受到很大的損害。她經常想他在什麼地方，他是不是安全，他是不是正在打仗，他會不會受傷，是不是還活著？

我問她後來怎樣克服這種憂慮，她回答：「我讓自己忙著。」她告訴我，她開始把女傭辭退，希望做家務能讓自己忙著，可是這不見效。她說：「問題是，我做家務總是機械化的，完全不用思想，所以當我鋪床和洗盤子的時候，還處在憂慮中。我發現我需要一些新的工作，才可以使我在每一天的每一個小時，使身心兩方面都忙碌起來，所以我就到一家百貨公司當售貨員。」

她說：「這次好了，我立刻感覺自己好像掉進了一個運動的大漩渦裡——我的四周全是顧客，他們問我價錢、尺碼、顏色等問題，我沒有一秒鐘想到除了手邊工作以外的問題。到了晚上，我也只能想如何讓雙腿休息一下。我吃完晚飯之後，躺在床上，很快就睡著了。我既沒有體力，也沒有時間再去憂慮了。」

她的這種做法，正如約翰・庫伯・波厄斯在《忘記不愉快的藝術》一書中所說的：「一種舒適的安全感，一種內在的寧靜，一種因為快樂而反應遲鈍的感覺，都可以使人在專心工作時精神平靜。」

我們如果極度地擔心某些事情，就讓我們記住，可以把工作當作一種很好的古老治療法。以前在哈佛大學醫學院當教授的已故博士理查・卡伯特先生，在《生活的條件》中說過：「作為一名醫生，我很高興地看到，我的工作可以使很多病人痊癒。他們所患的病，是由於過分疑懼、遲疑、躊躇、恐懼造成的。工作帶給我們的勇氣，就像愛默生永垂不朽的自信一樣。」

如果我們不能一直忙著，而讓自己閒坐在那裡煩惱，我們就會產生許許多多被達爾文稱之為「胡思亂想」的東西，這些「胡思亂想」猶如傳說中的魔鬼，把我們的思想掏空，摧毀我們的行動和意志。

蕭伯納把這些用一句話總結出來：「人們之所以憂慮，就是有閒置時間來想想自己到底快樂不快樂。」他說得很對，想要消除憂慮，就不必去想它，要在手掌心裡吐口水，讓自己忙起來，你的血液就會開始加速循環，你的思想就會變得敏銳。讓自己一直忙著，這是世界上最便宜、最有效地治療憂慮的藥。

要改掉你憂慮的習慣，就要記住第三步：

讓自己不停地忙著。

不要為小事而煩惱

一般來說，我們都可以很勇敢地面對生活中的重大危機，可是往往會被小事搞得焦頭爛額。

這一點也正是拜德上將在又冷又黑的南極洲的夜晚所發現的——他的一些下屬經常為一些小事而大發怒火，但對於大事卻不在乎。例如：他們可以毫無怨言地面對危險而艱苦的工作，在零下八十℃的寒冷中工作。拜德上將說：「可是，我知道他們之間有幾個同在一辦公室的人彼此不講話，因為他們懷疑對方亂放東西，把他們的地方佔去了。我還知道隊裡有一個人非常講究，他堅持空腹進食、細嚼健康法，每口食物一定要嚼過二十八次才嚥下去；另外有一個人，一定要在大廳裡找一個看不見他的位置坐著，才可以安穩地把飯吃下去。」

拜德上將說：「在南極的營地裡，任何事情都可能把最訓練有素的人逼瘋。」其實，拜德上將還可以加上一句話：如果這些「小事」發生在夫妻生活裡，也會把人逼瘋，甚至還會造成「世界上半數的傷心之事」。至少，這些話是出自權威人士之口。芝加哥的約瑟夫・沙馬士法官在仲裁過四萬多件不愉快的婚姻案件之後說：「婚姻生活之所以不美滿，根本原因通常都是一些細小事情。」紐約郡地方檢察官法蘭克・

荷根也說：「在我們的刑事案件裡，有一半以上都是由於一些很小的事情引起的：在酒吧裡逞英雄，為一些小事而爭吵，講話侮辱人、措辭不當、行為粗魯。就是這些小事，引出原本不應該發生的人身傷害和謀殺。很少有人真正天性殘忍，即使那些犯了大錯的人，也都是因為自尊心受到小小的損害，或是受到一些小小的屈辱，或是虛榮心得不到滿足，結果造成世界上半數令人傷心之事。」

以下這個富有戲劇性的故事也許會讓你終生難忘，講述這個故事的人叫羅伯特・摩爾。

一九四五年三月，我人生中最重要的一課，是在中南半島附近兩百七十六英尺深的海底學到的。當時，我和另外八十七人一起在貝雅Ｓ・Ｓ・三一八號潛水艇上。我們從雷達上發現正有一小支日本艦隊朝我們這邊駛來。天快要亮的時候，我們發動攻擊。我從潛望鏡裡發現一艘日本驅逐護航艦、一艘油輪和一艘佈雷艦。我們向那艘驅逐護航艦發射了三枚魚雷，但沒有一個擊中目標。那艘驅逐護航艦不知道它正遭受攻擊，仍舊繼續向前駛去。我們打算攻擊最後面那艘佈雷艦。突然，它轉過頭，徑直地向我們衝來。原來有一架日本飛機從上空看見我們在深水下，把我們的位置用無線電通知那艘日本佈雷艦。我們立刻潛到一百五十英尺深的地方，避免被它監測到，同時做好準備應付深水炸彈：我們在所有的艙蓋上都多加了幾層鐵栓，為了使我們的潛艇在沉降時可以絕對地保持穩定，我們把所有的電扇、冷卻系統、發電設備關掉。三分鐘之後，可怕的事情發生了，有六枚深水炸彈在我們四周爆炸，頓時天崩地裂，把我們直壓到海底深達兩百七十六英尺的地方。我們都嚇呆了，在不到一千英尺深的海水裡受到攻擊，是非常危險的，如果五百英尺，幾乎難逃厄運。我們當時卻在五百英尺一半深的水下受到攻擊，如果從安全角度來說，水深等於只到了人的膝蓋部分。那艘日本佈雷艦不停地往下投深水炸彈，一連攻擊了十五個小時才停止。如果深水炸彈距潛水艇不到十七英尺，炸彈爆炸的威力可以在潛艇上炸出一個大洞。大約有十～二十顆深水炸彈就在距離我們五十英尺的地方爆炸，我們奉命「固守」，也就是保持鎮定、靜靜地躺在床上。當時，我嚇得幾乎無法呼吸，心想：「這下死定了。」我一直不停地對自己說著：「……這下死定了……這下死定了。」電扇和冷卻系統全部關閉之後，潛水艇內的溫度幾乎高達華氏一百多度，可是我嚇得全身打冷顫，身上雖然穿了一件毛衣，還有一件帶皮領的夾克，可還是冷得發抖。我的牙齒不停地打顫，全身不斷地冒出冷汗。

日本佈雷艦持續攻擊十五個小時以後停止。顯然，日本佈雷艦用光了所有的深水炸彈才離開。對於我們來說，遭受這十五個小時的攻擊，感覺上就像是一千五百萬年。過去我所有的生活都一一呈現在我眼前，使我記起了以前做過的所有壞事，以及我曾經擔心過的所有細小事情。我加入海軍之前，曾經因為沒有錢買自己的房子、沒有錢買新車、沒有錢給我太太買好的衣服而憂慮。那個時候，我是一名銀行職員，曾經為工作時間太長、薪水太少，而且沒有多少升遷機會煩惱。我非常討厭我以前的老闆，因為他總是給我找麻煩。我還記得，每天晚上回到家裡的時候，我總是又累又困，經常因為芝麻小事而跟我的太太吵架。我甚至還為我額頭上因為一次車禍而留下的傷痕而煩惱過很長一段時間。

在多年以前，那些令人煩惱的事看起來好像都是大事，可是在深水炸彈就要奪走我生命的那一刻，這些事情就顯得非常的微不足道，甚至是荒謬。就在那個時候，我答應自己，如果我還有機會再見到太陽和星星，我永遠也不會再憂慮了。永遠！永遠！永遠也不會！在潛艇裡的那可怕的十五個小時裡，我所學到的生活道理，比我上四年大學學到的東西還要多出很多。

「法律不管那些小事。」大家都知道這句法律名言！人們也不應該為這些小事而憂慮，如果他希望在生活中平和而快樂。

一般來說，想要把那些由小事而引起的困擾克服掉，只需把看法和重點轉移一下就可以了，也就是說就是讓你有一個新的、可以使你開心的看法。我的朋友荷馬．克羅伊，是一個作家，寫過幾本書。他為我們舉了一個如何才可以做到這一點的好例子。以前他在進行寫作的時候，總是被紐約公寓熱水器的響聲吵得發瘋。因為蒸汽會砰然作響，然後又是一陣雜響聲。聽到這些聲音後，他就會氣得在書桌前叫出聲來。

荷馬．克羅伊說：「後來，我和幾個朋友一起出去露營時，我聽到木柴燒得很響的聲音，我突然想到這些聲音多麼像熱水器的響聲，但是我為什麼會喜歡這個聲音，而對那個聲音那麼討厭？回到家以後，我對自己說：火堆中木頭的爆裂聲很好聽，熱水器的聲音也差不多，我應該埋頭就睡，不必理會這些噪音。結果，我真的做到了，頭幾天我可能還會注意熱水器的聲音，可是沒過多久，我就會把這些事情忘掉。

「很多其他的小憂慮也是一樣，因為我們不喜歡，結果弄得自己很頹喪，這正是因為我們誇大那些小事的重要性……」

以下這個故事是哈里・愛默生・福斯迪克博士講的，它非常有意思。這是關於森林裡的一個巨人在戰爭中如何得勝、又如何失敗的：在科羅拉多州長山的山坡上，躺著一棵大樹的枯枝殘軀。自然學家告訴我們，它曾經有四百多年的歷史。它最初發芽的時候，哥倫布剛登陸美洲；第一批移民來到美國的時候，它才長了一半大。在它漫長的生命歷程裡，曾經被閃電擊中過十四次，四百年來，無數的狂風暴雨侵襲過它，它都可以戰勝。但是在最後，來了一小隊甲蟲，使它躺倒在地上。那些甲蟲從根部往樹裡面咬，逐漸傷了樹的元氣，它們只靠細小而持續不斷的攻擊。這個森林巨人，歲月不曾使它枯萎，狂風暴雨不能傷著它，連閃電都不曾將它擊倒，卻因為一小隊大拇指和食指就可以捏死的小甲蟲而倒了下來。

很多時候，我們也與森林中的那棵身經百戰的大樹一樣。我們也經歷過生命中無數次狂風暴雨和閃電的打擊，但都挺過來了。可是我們卻會被心中憂慮的小甲蟲咬噬——那些用大拇指和食指就可以捏死的小甲蟲，也會對我們造成損害。

所以，在憂慮毀了你之前，先改掉憂慮的習慣，這就需要我們記住第四步：

不要讓自己因為一些應該拋棄和忘記的小事而憂慮，要記住，生命如此短暫，不要再為小事而煩惱。

不要杞人憂天

從很小的時候開始，我就生活在密蘇里州的一個農場上。有一天，我幫母親摘櫻桃，突然哭了起來。母親問我：「你為什麼哭啊？」我哽咽著回答：「我擔心自己會被活埋掉。」

那個時候，心裡總是充滿各種憂慮：日子困難的時候，我擔心東西不夠吃；暴風雨來的時候，我擔心被雷電劈死；此外，我還怕死了之後會下地獄；我怕一個名叫詹姆・懷特的大男孩會割下我的兩隻大耳朵，就像他威脅我的那樣。我還憂慮，是因為怕女孩在我向她們脫帽鞠躬的時候取笑我；我憂慮，是因為擔心將來沒一個女孩願意嫁給我；我還為我們結婚之後，我對我太太第一句話該說什麼而操心；在我的想像中，我們會在一間鄉下教堂結婚，會坐一輛上面垂著流蘇的馬車回農莊……可是在回農莊的路上，我應該說什麼，才可以不停地跟她談話？應該怎麼辦？怎麼辦？即使是在耕地的時候，我也經常會花幾個小時的時間去想這些令人憂慮的「大問題」。

時間一點一滴地過去了，我逐漸發現我擔心的那些事，九九%根本就不會發生。例如：我剛才所說過的，我以前很怕雷電。可是現在我知道，無論是哪一年，我被雷電擊中的機率，大概只有三十五萬分之一；我害怕被活埋的憂慮，更是荒謬至極。我沒有想到，即使是在發明木乃伊以前的年代，每一千萬個人只有一個人可能會被活埋，可是我以前卻因為害怕這件事情而哭過。每八個人就有一個人可能死於癌症，如果我一定要讓自己為某些事情煩惱，我就應該為得癌症這種事情煩惱，而不應該擔心被活埋或是被雷電打死。

其實，以上所講的都是我童年和少年時代憂慮的事情。可是許多成年人的憂慮，也幾乎同樣地荒謬可笑。如果我們想讓自己的憂慮停止，我們就可以根據事情發生的平均機率來評估我們的憂慮究竟值不值，這樣應該可以免去自己九九％的憂慮。

倫敦勞埃德保險公司在全世界很有名，他們就靠人們對一些根本很難發生的事情的擔憂，而賺了數不清的財富。勞埃德保險公司可以說是在跟一般人打賭，說他們內心一直憂慮的那些災禍幾乎永遠不會發生。但是，他們不稱之為賭博，稱其為「保險」，實際上這是在以平均機率為根據做賭博。這家保險公司已經有兩百年的良好歷史記錄，除非人可以使自己的本性改變，否則它至少還可以繼續維持五千年。它只是替你保鞋子的險、保船的險，利用平均機率向你保證那些災禍沒有你想像中的那麼經常、那麼可怕。

如果我們對某些事情發生的平均機率進行檢查，就會因我們所發現的事實而驚訝。例如，如果知道在五年之內，我必須參加一次像蓋茲堡戰役那樣慘烈的戰役，一定會被嚇壞。我一定會想盡辦法增加我的人壽保險，會寫下遺囑，把自己所有的財產變賣一空。我會說：「我大概不能挺過這場戰爭，所以我最好痛痛快快地過這剩下的幾年。」然而，事實是這樣嗎？根據平均機率，五十～五十五歲之間的每一千個人裡死去的人數，和蓋茲堡戰役中其中一千人裡陣亡的人數是一樣的。

一年的夏天，我在加拿大洛磯山區利貢湖的岸邊遇到了何伯特・薩林吉夫婦。薩林吉太太是一個沉著、平靜的女人，她給我的印象是從來沒有憂慮過。有一天晚上，我們坐在熊熊的爐火前聊天，我問她曾經是否被憂慮困擾過。

困擾？我以前的生活幾乎被憂慮毀了。在我學會征服憂慮之前，我在自找的苦難中生活了十一年。那個時候，我脾氣很壞，又很急躁，整天生活在自己緊張的情緒中。我每個星期都要從家裡搭公共汽車去舊金山買東西，可是即使買東西的時候，我也會擔心得要命：也許我的女傭人跑了，丟下孩子不管；也許我又把電熨斗放在熨衣板上，導致失火房子燒起來了；也許孩子們騎腳踏車出去，被汽車撞死了。我買東西的時候，經常會因為擔心而冷汗直冒，會衝出店去，趕緊搭公共汽車回家，看看一切是否還好。所以我的第一次婚姻失敗。

再婚以後，我的丈夫是一個律師。他是一個很平靜、對什麼事都可以仔細分析的人，從來不為任何事情憂慮。每次我神情緊張或焦慮的時候，他就會對我說：「不要慌，讓我們好好想想——你到底在擔心什麼？讓我們來看看平均機率，這種事情有可能會發生嗎？」我記得有一次，我們在新墨西哥州。我們從阿布庫基開車去卡世白洞窟，走在一條土路上，在半路上正好下了一場很可怕的暴風雨。路面很滑，汽車根本就不受控制。我想，我們一定會滑到路邊的水溝裡，可是我的丈夫一直在我身邊說：「我現在開得很慢，不會出事的。即使車真的滑到水溝裡，根據平均機率，我們也不會受傷。」受到他的鎮定和信心的影響，我終於安靜了下來。

一年夏天，我們一家人到加拿大的洛磯山區托昆谷露營。那天晚上我們的營帳紮在海拔很高的地方，突然來了一陣恐怖的暴風雨，我們的帳篷似乎要被撕成碎片。帳篷用繩子綁在一個木製的平台上，帳篷在風裡搖晃著，發出尖厲的聲音。我隨時都在想：我們的帳篷要被風吹垮了，要被風吹到天上去。當時，我真的被嚇壞了，可是我丈夫不停地說：「親愛的，我們有幾個印第安人嚮導，這些人對這些瞭若指掌。他們在這些山地裡紮營有六十年了，這個營帳在這裡也過了很多年，直到現在都沒有被吹垮過。根據平均機率來看，今天晚上也不會被吹掉。而且即使被吹垮，我們還可以到另一個營帳裡，所以你完全不必緊張、不必擔心。」……我放鬆心情，到後半夜時真的很安穩地睡著了。

有一段時間，小兒麻痺症在加州我們所住的那一帶肆虐。要是在以前，我一定會不知所措，可是我丈夫讓我保持鎮定，我們盡量把所有的預防方法都用上，不讓孩子們出入公共場所，暫時不去上學，也不去看電影。與衛生署聯繫過之後，我們得知，到目前為止，即使是加州所發生過的最嚴重的一次小兒麻痺症流行期，整個加州只有一千八百三十五個兒童染上這種病，平均機率只在兩百～三百人之間。這些數字聽起來雖然還是很令人害怕，可是到底讓我們感覺到，根據平均機率來看，某個孩子被感染的可能性很小。

「根據平均機率，這種事情不會發生」，就是這樣簡單的一句話，把我九〇%的憂慮都消除掉了，使我過去二十年的生活都過得美好而平靜。

所以，要在憂慮摧毀你以前，先改掉憂慮的習慣，必須遵守第五步：

讓我們回想以前的經歷，讓我們根據機率問問自己，現在擔心會發生的事情，可能發生的機會是多少？

勇於接受不可避免的事實

在漫漫人生中，你和我一定會遇到一些令人不愉快的事情，如果它們是這樣，就不可能是那樣。我們也可以做出一些選擇：可以把它們當作不可避免的情況而加以接受，並且適應它；或是我們可以用憂慮來摧毀自己的生活，甚至最後把自己搞到精神崩潰。

已故的布斯・塔金頓曾經說：「人生加諸我身上的任何事情，我都可以承受，但是除了一樣：失明，那是我永遠無法忍受的。」

但是他六十多歲時，有一次低頭看地上的彩色地毯時，發現彩色都是模糊的，也看不清楚地毯的花紋。他去找了一位眼科專家，證實一個不幸的事實：他的視力在衰減，有一隻眼睛幾乎全瞎，另一隻也快瞎了。對他來說，最可怕的事情還是發生在了他身上。

「所有災難中最可怕的災難」發生了，塔金頓有什麼反應？他是不是覺得「完了，我這一輩子完了」？沒有，連他自己都沒有想到他會非常開心，甚至還可以善用他的幽默感。以前，眼球裡面浮動的「黑斑」令他很難過，因為當它們在他眼前遊過時，會把他的視線遮住，然而現在，當那些最大的黑斑從他眼前晃過的時候，他卻會幽默地說：「嘿，又是老黑斑爺爺來了！今天天氣這麼好，他會到哪裡去？」

塔金頓完全失明以後，他說：「我發現自己也可以承受失明的痛苦，就像一個人可以承受其他災難一樣。要是我的各種感官都完全喪失了，我認為我還可以繼續生存在我的思想裡，因為我們只有在思想之中才可以看見，只有在思想之中才可以生活，無論我們對這一點是否明白。」

為了使視力得到恢復，塔金頓在一年之內接受十二次手術，為他做手術的是當地的眼科醫生。他有沒有害怕？他知道這是必要的，他無法逃避，所以唯一能減輕痛苦的方法，就是勇於接受它。他拒絕用醫院的個人病房，而是住進普通病房，和其他病人在一起。他試著讓其他病人開心，即使在他必須接受好幾次手術時——而且他當然很清楚在他眼睛裡做什麼手術，他也只盡力去想他是多麼的幸運。「多麼好啊，」他說，「多麼妙啊，現在科學的發展竟然到了這種程度，可以為像眼睛這麼纖細的器官做手術。」

如果是一般人，忍受十二次以上的手術和長期黑暗中的生活，恐怕早就變成神經質，可是塔金頓卻說：「我可不願意使自己不開心。」這件事情教會他如何接受災難，使他瞭解到生命帶給他的沒有一樣是自己的能力所不及而不能忍受的；這件事情也使他領悟了富爾頓所說的「失明不令人難過，難過的是你不能忍受失明」這句話真正的道理。

與之相反，如果我們加以反抗，或是因此而退縮，或是為它難過，我們也不可能改變那些已經發生的不可避免的事實。所以，每個人都要學會勇於接受不可避免的事實。

我非常喜歡哲學家——威廉・詹姆斯的忠告：「要樂於承認事實就是這樣的狀況。」他說，「可以接受已經發生的事實，就是能克服隨之而來的任何不幸的第一步。」住在俄勒岡州的伊莉莎白・康利，正是經過很多困難後才真正懂得這個道理。以下是她寫給我的一封信，信中是這樣說的：

在美國慶祝我們陸軍在北非獲勝的那一天，我接到一封國防部送來的電報，我的侄兒——我最愛的人，在戰場上失蹤了。沒過多久，又來了一封電報說他已經犧牲。

得知這個不幸的事實以後，我悲傷至極。在那件事情發生之前，我一直覺得命運對我很好，我有一份自己喜歡的工作，並辛苦地把這個侄兒撫養成人。在我看來，他是年輕人一切美好東西的代表。我覺得自己以前的所有努力，現在都得到很好的回報……然而，卻給我發來這封電報，我的世界被無情地粉碎，覺得再活下去也沒有意義。我開始忽視我的工作，忽視我的朋友。我開始拋棄一切，對這個世界既冷淡又怨恨。為什麼我最親愛的侄兒會死去？為什麼這麼好的孩子，還沒有開始應該屬於他的真正生活，卻要讓他死在戰場上？我無法接受這個事實。我悲傷過度，決定放棄工作，遠離我的家鄉，處於悔恨和淚水之中。

就在我清理自己的辦公桌，準備辭職的時候，我突然看到一封我已經忘了的信。這封信是我這個已經犧牲的侄兒給我寫的。幾年前，我母親去世的時候，他寫了這封信給我。他說：「我們都會想念她的，」信上說，「尤其是你。但是我知道你一定能挺過去的——以你個人對人生的看法，你一定可以挺過去。我永遠也不會忘記你教給我的那些美麗的真理：無論在哪裡，也無論我們離得有多遠，我永遠都會記得你教我要微笑，要像一個男子漢，要敢於接受那些已經發生的事情。」我把那封信讀了一遍又一遍，覺得他好像就在我的身邊，正在對我說話。他好像對我說：「為什麼不照你教給我的方法去做？堅強一些，挺下去，無論發生什麼事情，把你個人的悲傷掩藏在微笑之下，好好地繼續生活下去。」

所以，我重新回去工作，不再對人冷淡無禮。我一再告誡自己說：「事情既已發生，我沒有能力改變它，但是我可以像他希望的那樣繼續活下去。」我將所有的思想和精力都花在工作上，我給前方的士兵寫信，他們是別人的兒子；晚上，我又去參加成人教育班。我想找出新的興趣，認識新的朋友。我幾乎不敢相信發生在我身上的各種新的變化。我不再為已經發生而且永遠過去的事情悲傷，現在我的生活就像我侄兒要我做的那樣——每天都充滿歡樂。

伊莉莎白・康利學到我們所有人都必須學會的道理，就是我們必須接受和適應那些不可避免的事情。這一課可不是很容易學會的。就連那些在位的國王，也要經常提醒自己必須這樣做。例如，已故的喬治五世在白金漢宮的牆上掛有這句話：「我不要為月亮哭泣，也不要因為事情而後悔。」叔本華用以下的話表達同樣的想法，他是這樣說的：「順應時勢，就是你在踏上人生旅途的最重要的一件事情。」顯然，環境本身不能決定我們快樂或不快樂，只有我們對周圍環境的反應才決定我們會有怎樣的感受。在必要的時候，我們都應該忍受得住災難和悲劇，甚至要戰勝它們。也許我們會認為自己辦不到，但事實上，我們內在的力量卻堅強得驚人，只要我們願意利用，它就可以幫我們克服一切困難。

是不是在碰到任何挫折的時候，都應該低聲下氣？絕對不是，那樣就會成為宿命論。我認為，無論在哪一種情況下，只要還有一些挽救的機會，我們就要努力奮鬥。可是當普通常識告訴我們事情是不可避免的，也不會再有任何轉機的時候，我們就要有清醒的頭腦，不要再庸人自擾了。

哥倫比亞大學已故的霍克斯院長曾經告訴我，他為自己寫了一首打油詩，當作自己的座右銘：

天下疾病多，數都數不清，
有些可以救，有些難治癒。
如果有希望，就應把藥尋，
要是無法治，不如忘乾淨。

準備寫這本書之前，我曾經訪問過美國許多有名的商人。令我印象最深刻的是，他們大多數人能接受那些不可避免的事實，整天的生活無憂無慮。如果不能這樣做，他們就會在巨大的壓力之下被壓垮。以下這些例子，可以很好地說明這一點：

潘尼透過自己的努力，創設遍及全國的連鎖商店。他告訴我：「即使是我所有的錢都賠光了，我也不會憂慮，因為憂慮不能讓我得到什麼。我會盡可能把工作做好，至於結果，就要看老天怎樣安排。」

凱勒先生是克萊斯勒公司的總經理，我問他如何避免憂慮的時候，他說：「如果我碰到很棘手的問題，只要我可以想得出解決方法，我就去做。如果我無法解決，就會乾脆把它忘了。我從來不替未來擔心，因為沒有人能知道未來會發生什麼，影響未來的因素太多了，也沒有人知道這些影響都是從何而來的。所以，何必為它們白白擔心？」如果你認為凱勒是一個哲學家，那就錯了，他只是一個很出色的商人。可是他的這個觀念，正好與十九世紀以前羅馬偉大哲學家愛比克泰德的理論相近。「快樂的源泉，」他說，「就是不要為我們的意志力所不能及的事情而憂慮。」

莎拉・伯恩哈特是最懂得如何面對那些不可避免的事情的女性。五十年來，她一直是四大洲劇院獨一無二的「皇后」，是全世界觀眾最喜愛的女演員。可是在她七十一歲的時候，她破產了，所有的錢都損失了，而她的醫生、巴黎的波基教授還告訴她，她的腿必須被鋸掉。

事情的經過是這樣的：她在橫渡大西洋的時候遇到暴風雨，滑倒在甲板上，腿受了重傷，染上靜脈炎和腿痙攣。那種劇烈的痛苦，醫生認為她的腿必須被鋸掉。這位醫生害怕把這個消息告訴脾氣很壞的莎拉。他認為這個可怕的消息一定會使莎拉大為惱火。可是他錯了，莎拉只是看了他許久，然後很平靜地說：「如果真的非這樣不可，也只好這樣做了。」

醫生把她推進手術室的時候，她的兒子站在一邊哭泣。她卻朝他揮了揮手，開心地說：「不要走開，在這裡等我出來。」

去手術室的路上，莎拉一直在背誦她演出過的一場戲中的一幕。有人問她這樣是不是為了給自己打氣，她卻說：「不是，我是想讓醫生和護士們高興，這樣他們就不會有太大壓力了。」

手術完成以後，莎拉也恢復健康，她又繼續環遊世界，她的觀眾又為她著迷了七年。

愛爾西・麥克密克在《讀者文摘》的一篇文章裡說：「我們不再反抗那些不可避免的事實之後，我們就可以節省精力，創造更豐富的生活。」

對於任何人來說，都不會有足夠的情感和精力來抗拒不可避免的事實，同時又創造新的生活，只能在兩者之間選其一：可以在生活中發生的不可避免的暴風雨之下彎腰曲身，或是因為抗拒它們而被其摧毀。

你有沒有想過，汽車輪胎為什麼可以在路上跑那麼久，可以承受那麼多顛簸？最初，製造輪胎的人想製造一種輪胎，使它可以抗拒路上的顛簸，但是不久之後，輪胎就變成碎塊。然後他們又發明了一種輪胎，可以吸收路面的各種壓力，這樣輪胎就可以「接受一切」。在多難的人生旅途上，如果我們也可以像輪胎一樣承受所有的挫折和顛簸，我們就可以活得更長久，人生旅途也會更順利。如果我們不順服，而是反抗生命中所遇到的各種挫折，我們會碰到什麼樣的事情？答案非常簡單：我們就會產生一連串衝突，我們就會憂慮、緊張，並且讓自己變得急躁，甚至神經質。

如果我們可以再進一步，拋棄現實世界的各種不快，退縮到一個自己編織而成的夢幻世界中，我們就會精神錯亂。

耶穌基督說過一句話：「對不可避免的事情，輕鬆地去承受。」但是在今天這個充滿憂慮的世界，人

卡內基
遠離焦慮，
擁有快樂生活。

們比以往更需要這句話：「對不可避免的事情，輕鬆地去承受。」

因此，要在憂慮毀了你以前，先改變憂慮的習慣，以下是第六步：

接受不可避免的事實。

給憂慮設置底線

你想不想知道，怎樣才可以在華爾街賺到錢？有一百萬以上的人都想知道這一點。如果我知道這個問題的答案，我這本書就要賣一萬美元一本。但是，我知道有一個很好的觀念，很多成功人士都應用過它。告訴我以下這個故事的人是一個投資顧問，他叫查爾斯·羅伯茲。

我剛從德州來紐約的時候，所有的錢只有兩萬美元，是我朋友給我用來投資股票的。我原本以為，我對股票市場很在行，沒想到我會賠得分文不剩。不錯！我在某些生意上賺了幾筆，但是最後也賠光了。

如果僅僅是把自己的錢都賠光了，我不會怎麼在乎。可是把我朋友們的錢賠光了，我認為是一件很壞的事情，雖然他們都很有錢。在我們的投資出現這種不幸的結果之後，我實在是很害怕再見到他們，但沒有想到的是，他們都很樂觀，對這件事情看得很開。

我開始認真分析自己，我到底錯在哪裡？我下定決心，在我再度進入股票市場以前，一定要先弄明白股票市場到底是何物。於是，我找到一位最成功的預測專家伯頓·卡瑟斯，並且和他成為朋友。我相信我從他那裡能學到很多東西，因為他多年以來一直非常成功，我知道能做出這番事業的人，不可能僅靠機會和運氣。

他先問了幾個關於我的問題，並且問我以前是如何操作的，然後又告訴我在股票交易中最重要的原則。他說：「我在股票市場上購買的每一支股票，都設定了一個到此為止、不能再賠的最低標準。例如，我買了一支五十美元一股的股票，我給自己規定不能再賠的最低標準是四十五美元。」也就是說，如果這支股票跌了價，到了比買進價低五美元的時候，就立刻賣出去，這樣就可以使損失限定在五美元內。

這位大師繼續對我說：「如果你當初買得很聰明，你可能平均賺十～二十五美元，甚至五十美元。因此，在把你的損失限定在五美元以後，即使你有一半以上的判斷出現錯誤，也照樣可以使你賺一些錢。」

我很快就掌握這個秘訣，從此一直使用它，這個秘訣替我的顧客和我挽回許多錢。過了一段時間之後，我發現這「到此為止」的底限原則，也可以用於股票投資之外的地方。我開始在財務以外的憂慮問題上，給自己也訂下「到此為止」的界限，在我遇到的所有煩惱和不愉快的事情上，都加了一個「到此為止」的限制，得到很好的結果。

以一個簡單的例子來說：我經常和一個「很不守時的朋友」共進午餐。他以前總是在我的午餐時間過去大半後才趕來，現在我告訴他：「以後等你的限制是十分鐘，要是你在十分鐘以後才趕到，我們的午餐就算告吹，而你，再到這裡也找不到我了。」

我多麼希望我是在多年以前就學會將這種「到此為止」的限制用在我的每一個方面——我的缺乏耐

心、我的脾氣、我的自我適應的欲望、我的悔恨以及所有精神與情感的壓力上。為什麼我以前沒有想到這一點？為什麼我不會對自己說「這件事情不值得這麼擔心，不能再去多管」？

但是，我認為自己至少在一件事情上做得還可以，那是一次很嚴重的情況——是我生命中的一次危機。當時，我幾乎看著我的夢想、我未來的計畫以及多年來的工作全部付諸東流。事情的經過是這樣的：

三十歲那年，我決定這一輩子以寫小說為職業，夢想做傑克·倫敦或哈代第二。當時，我對此充滿無限的熱情，在歐洲住了兩年。第一次世界大戰結束後的那段時期，用美元在歐洲生活還是很划算的。我在那裡待了兩年，寫成我的「傑作」，為那本書取名為《大風雪》。這個書名取得太好了，因為所有出版社對它的態度，都像呼嘯著颳過大平原的狂風暴雪一樣冷酷。我的經紀人無情地告訴我，這部作品一文不值，我沒有寫小說的天賦的時候，我幾乎快停止了心跳。我茫然失措地離開他的辦公室，即使他用棒子敲打我，也不會讓我更吃驚——我簡直驚呆了。我發現自己此時正站在生命的十字路口，需要作一個很重大的決定。

我應該怎麼辦？我應該往哪一個方向走？幾個星期之後，我才從茫然中醒悟過來。當時，我從來沒有聽過「為你的憂慮劃定『到此為止』的界限」的說法，可是現在回想起來，我當時正好運用這個方法：我把自己費盡心血寫那本小說看作一次寶貴的經驗，然後從那裡繼續向前出發。我重新回去從事成人教育的老本行，如果有時間，就去寫一些傳記和非小說類的書。

我為自己做出這樣的選擇，是不是值得高興？現在我只要是想起那件事情時，就會得意地想要在大街上跳舞。我可以很坦誠地說，從那以後，我從來沒有哪一天或哪一個小時後悔我沒有成為哈代第二。

富蘭克林很小的時候，也犯了一次他七十年來一直難以忘記的錯誤。他七歲的時候，看上一家玩具店出售的一個哨子。他興奮地跑進玩具店，把自己口袋裡所有的零錢放在櫃檯上，連價錢也不問就把那個哨子買下來。「然後，我回到家裡，」他七十年以後寫信告訴他朋友，「吹著哨子在整個屋子裡轉，對我買的這個哨子非常得意。」可是他的哥哥姐姐發現他買哨子給人多付了錢時，大家都取笑他。正如他後來所說的：「為此，我非常懊惱，氣得我大哭一場。」

許多年以後，富蘭克林成為一位世界知名人物，擔任美國駐法國的大使，他還記得因為自己買哨子而多付了錢，使他從中得到的痛苦遠遠多過哨子帶給他的快樂。從這個教訓中，富蘭克林學到一個道理「當我長大以後，我見到許多人的行為，猶如我當初買哨子付了太多的錢。簡而言之，我認為人類的苦難部分產生於他們錯估事物的價值，也就是他們買『哨子』時多付了很多錢。」

吉伯特和蘇利文對他們的哨子多付了錢，我自己同樣如此。

是的，我相信「具備正確的價值觀念」是獲得心理平靜的最大的秘密之一。我也相信，只要我們可以為自己制定一個標準，我們的憂慮有一半可以立刻消除，那就是：和我們的生活比較起來，哪件事情才算值得。

所以，在憂慮把你毀掉之前，先改變憂慮的習慣，以下是第七步：

任何時候，我們想要掏錢購買的東西不一定划算，讓我們先停下來，問自己以下三個問題：

第一，我現在擔心的問題，和我自己到底有什麼關係？

第二，這件令我憂慮的事情，我應該如何確定「至此為止」的最低限度，然後把它整個忘掉？

第三，我到底應該為這個「哨子」付多少錢？我所付的是不是已經超過它的價值？

不要試著去鋸木屑

就在我準備寫下這些文字時，我可以透過窗戶看見窗外院子裡一些留在石板和石頭上的恐龍足跡。這些恐龍足跡，是我掏錢從耶魯大學皮博迪博物館買來的。我還保留了一封皮博迪博物館館長寫給我的信，說這些足跡已經很早了，大概在一億八千萬年前就有了。我想即使是一個白癡，也不會想返回一億八千萬年前去改變這些足跡。憂慮卻可以使一個人愚蠢得有這種想法，因為就算是一百八十秒鐘以前所發生的事情，我們也不可能再回去糾正它，可是我們卻有很多人正在做類似的事情。更確切一點地說，我們可以想辦法來改變發生在一百八十秒鐘以前的事情產生的影響，但對當時所發生的事情，我們卻沒有任何方法。

讓已經過去的錯誤產生價值的唯一方法，就是平靜地分析我們過去的錯誤，並且從錯誤中吸取教訓，然後再徹底地把錯誤忘記。

這句話雖然很有道理，但是我是不是一直有勇氣、有想法去這樣實踐？為了回答這個問題，先讓我告訴你，我在幾年前的一次奇妙經歷吧！當時，我竟然白白失去三十多美元，沒有得到一分錢的利潤。這件事情是這樣的：

我開辦一個大規模的成人教育輔導班，在很多城市裡設有分部，花了許多錢用來做宣傳廣告。當時，我忙於教課，所以既沒有時間、也沒有心情去管理財務問題，而且我當時過於簡單，不知道應該找一個很好的業務經理對我的各項支出進行支配。

後來，過了將近一年的時間，我發現一個很清楚、而且很驚人的事實：雖然我們的收入不錯，卻沒有賺到一點利潤。發現這一點之後，我本來應該立刻著手去做以下兩件事情：

第一件事情，我應該向喬治・華盛頓・卡弗，那位黑人科學家學習。當他完全破產，銀行沒收他畢生的五萬美元積蓄時，別人問他是否知道他已經破產了，他回答：「是的，我聽說了。」然後繼續教書。他把這筆損失從腦子裡塗抹乾淨，以後再也沒有提起這件事情。

第二件我應該做的事情，就是應該分析自己的錯誤，然後從中吸取教訓。

然而，坦白地說，我這兩件事一件也沒有做。相反地，我開始煩惱。一連幾個月，我精神恍惚，睡得不好，不僅體重減輕很多，也沒有從這次錯誤中吸取教訓，而是接著犯了一些相對來說比較小的錯誤。

對於當時的我來說，要承認以前這種愚蠢的行為，實在是非常難堪的事。可是我很早就發現一個道理：「教二十個人怎麼做，比自己一個人去做要容易很多。」我真希望我也可以到紐約的喬治・華盛頓高級中學去當保羅・布蘭德溫的學生——這位老師曾經教過住在紐約市布朗克斯區的艾倫・桑德斯。

桑德斯先生說，教我生理衛生課的老師保羅・布蘭德溫博士，給我上了人生中最有價值的一課。當時，我只有十幾歲，可是經常為很多事情煩惱，經常為自己犯過的一些錯誤而自責，交完考試試卷以後，經常會在半夜裡睡不著，咬著指甲，擔心不能及格。我總是在想我所做過的那些事情，希望當初沒有那樣做；我總是在想我所說過的那些話，後悔當初沒有把那些話說得更完美。

有一天早上，我們班到實驗室上課，我們的老師保羅・布蘭德溫博士將一瓶牛奶放在桌子邊上。我們都坐下來，望著那瓶牛奶，心想這和他所教的生理衛生課有什麼關係。這個時候，保羅・布蘭德溫博士突然站了起來，一掌把牛奶瓶打翻了，牛奶潑在水槽裡。然後，他大聲地說：「不要為已經打翻的牛奶哭泣。」

然後，他把所有人叫到水槽邊，仔細看看那瓶被打碎的牛奶。「好好看著，」他對我們說，「因為我要你們這一輩子都記住這一課，這瓶牛奶已經沒有了！你們看到它都潑光了，無論你多麼著急，多麼抱怨，都不可能挽回了。只要先用一點大腦，先加以預防，這瓶牛奶就可以保住。可是現在太遲了——我們現在所能做的，就是把它忘掉，拋開這件事情，一心一意地做下一件事情。」

艾倫・桑德斯還說：「這次小小的表演，即使是在我忘了幾何和拉丁文知識以後很久，我都還記得。事實上，這件事情教給我的實際生活經驗，比我在高中階段所學到任何事情都好。它教給我一個道理：只要可能，就不要打翻牛奶；如果弄翻了牛奶，就要徹底地把這件事情忘掉。」

也許有些讀者會認為，費這麼大精力講一句老話——「不要為打翻了的牛奶哭泣」，未免有點小題大做。我知道這句話很普通，也可以說是老生常談。可是這樣的老生常談卻包含了人類多少年來所積聚的經驗智慧，正是因為它是人類智慧的結晶，才透過世世代代得以傳下來的。假設你可以讀完各個時代偉大學者所寫的有關憂慮的圖書，你也不會看到比「船到橋頭自然直」和「不要為打翻的牛奶哭泣」這類更基本、更有用的老生常談。只要我們可以把這兩句老話應用得好，不去輕視它，我們根本就用不著讀這本書。然而，如果不能加以利用，知識就不能成為力量。本書的目的不是想告訴你什麼新的知識，而是要提醒你那些你已經知道的事，並且鼓勵你把學到的知識運用到實際中。

對已故的佛瑞德・富勒・斯德，我一直非常敬佩。他是費城一家報紙的編輯。有一種天生的本領，可以把古老的真理用新穎而且吸引人的方法說出來。有一次，他曾經為某大學畢業班演講，他問一個問題：「有多少人鋸過木頭？請舉起手。」結果大多數學生都鋸過木頭。然後他又問：「有多少人鋸過木屑？」下面沒有一個人舉手。

斯德先生說：「你們不可能去鋸木屑，因為木屑是被鋸下來的。過去的事情也是一樣，當你開始憂慮那些已經做完的和過去的事情的時候，你就等於在鋸木屑。」

我讀過很多的歷史和傳記，並且觀察一般人是如何度過難關時，對那些可以忘記他們的憂慮和不幸並繼續過著快樂生活的人，我一直既羨慕又吃驚。

我到星星監獄去過一次，那裡最讓我吃驚的是囚犯們看起來和外面的人一樣快樂，我把我的看法告訴當時星星監獄的典獄長路易斯・勞斯。他告訴我，這些囚犯剛到星星監獄的時候，都心懷怨恨，脾氣暴躁，可是在這裡幾個月以後，他們之中比較聰明一點的人能忘掉自己的不幸，安下心來在監獄生活，並且盡量過好。勞斯典獄長告訴我，有一個在星星監獄菜園子裡工作的犯人還可以做到一邊種菜，一邊唱歌。那個在澆水種菜時唱歌的犯人，比我們大多數人都聰明得多，因為他知道在白紙上寫完了一橫一豎，即使你再有能耐也不能抹去半行，即使灑盡你的眼淚也不能擦掉一點。

為什麼要把你的眼淚浪費到這上面？犯錯和疏忽是我們的不對，但是又怎麼樣，誰沒有犯過錯？就連舉世聞名的拿破崙，在他所有重要的戰役中也輸過三分之一。也許我們的平均紀錄不會比拿破崙差，誰知道？何況即使調動所有國王的人馬，也不能挽回半點過去犯過的錯誤。

所以，讓我們記住規則的第八步：

不要試著去鋸木屑。

第四章

拋卻名利帶來的煩惱

How to Have A Happy Life
and No Anxiety
Carnegie

消除工作和金錢煩惱的第一個原則是：慎重做出重大的決定。

想要減少煩惱，第二個原則是：不要總是為工作和金錢煩惱。

消除工作和金錢煩惱的第三個原則是：妥善處理夫妻之間的職業衝突。

一生最重要的決定

如果你年滿十八歲，可能要做出你一生中最重要的兩個決定——這兩個決定將改變你的一生，對你的幸福、收入和健康都有很大影響，這兩個決定可能造就你，也可能毀滅你。這兩個重大決定是什麼？第一，你將如何謀生？也就是說，你準備做什麼？是做一名農夫、化學家、郵差、森林管理員、獸醫、速記員、大學教授，還是去擺一個攤子？第二，你將選擇怎樣的人做你的人生伴侶？對有些人來說，這兩個重大決定通常像在賭博一樣。

哈里・愛默生・福斯迪克在他的一本書裡寫道：「每位小男孩在選擇如何度過一個假期時，都是賭徒，他必須以他的日子做賭注。」對於你來說，怎樣才可以減低選擇假期中的賭博性？首先，如果可能，應該盡量找一份自己喜歡的工作做。

有一次，我請教輪胎製造商古里奇公司的董事長大衛・古里奇，我問他成功的第一要件是什麼，他回答：「喜歡你的工作。如果你喜歡你所從事的工作，你工作的時間也許很長，但絲毫不覺得是在工作，感覺好像在遊戲一樣。」

菲爾・強森的經歷就是一個很好例子。菲爾・強森的父親開了一家洗衣店，他讓兒子在店中工作，希望他將來能接管這家洗衣店。但菲爾痛恨洗衣店的工作，所以懶懶散散的，提不起精神，只做一些他必須做的工作，其他工作則一概不管。有時候，他乾脆「缺席」。他父親十分傷心，認為養了一個沒有野心而不求上進的兒子，讓他在員工面前丟盡了臉面。

有一天，菲爾對父親說，他希望到一家機械廠工作，做一個機械工人。什麼？一切又從頭開始？這位老人十分驚訝。但是，菲爾還是堅持自己的意見。他穿上油膩的粗布工作服工作，他從事比洗衣店更為辛苦的工作，工作的時間更長。但是他在工作中得到快樂，竟然自在地吹起了口哨。他選修工程學，研究引擎，裝置機械。他在一九四四年去世時，已經是波音飛機公司的總裁，並且製造出「空中飛行堡壘」轟炸機，幫助盟國軍隊贏得第二次世界大戰。如果他當年留在洗衣店不走，他和洗衣店，尤其是在他父親死後，將會變成什麼樣子？我想，他會把整個洗衣店毀了——破產，最後落得一無所得。

面對競爭日益激烈的社會，你應該怎麼辦？你應如何解決這個難題？你可以利用一項叫作「職業指導」的新行業。也許他們可以幫助你，也許對你不會有任何幫助，反而會對你有害，這全靠你所找的那位指導者的能力和個性了。這個新行業距離完美的境界還十分遙遠，甚至連起步也談不上，但其前程卻非常美好。你如何利用這項新科學？你可以在住處附近找出這類機構，然後接受職業測驗，並且獲得職業指導。他們只能提供建議，最後的決定權還是在你手中。記住，這些輔導員並非絕對可靠。他們有時也犯下荒謬的錯誤。例如，一個職業輔導員曾經建議我的一位學生當一位作家，僅僅是因為她的詞彙很廣。多荒謬可笑！事情不那樣簡單，好作品是將你的思想和感情傳達給你的讀者——想要達到這個目的，不僅需要豐富的詞彙，更多的需要是思想、經驗、說服力和熱情。建議這位有豐富詞彙的女孩當作家的這位職業輔導員，實際上只完成一件事情：他把一位極佳的速記員改變成一位令人沮喪的準作家。這是多麼可悲的一件事情啊！

我要說的一點是，職業指導專家——即使是你和我，也並非絕對可靠。你也許應該多找幾個輔導員，然後根據你的常識對他們的意見進行判斷。

看到這裡，也許你會感到很奇怪，為什麼我總是說一些令人擔心的話。但是如果你瞭解多數人的憂慮、悔恨和沮喪，都是因為不重視選擇工作而引起的，你就不會覺得奇怪。關於這種情形，你可以問問你的父親、鄰居，或是你的老闆。智慧家約翰・史都華・彌爾宣稱，工人不能很好地適應工作，是「社會最大的損失之一」。是的，世界上最不快樂的人，就是那些憎恨他們日常工作的「產業工人」。

你是否知道在陸軍「崩潰」的是哪種人？他們就是被分派到錯誤單位的人！這裡我指的不是在戰鬥中受傷的人，而是那些執行普通任務而精神崩潰的人。威廉・孟寧吉博士是我們當代最偉大的精神病專家之一，他在第二次世界大戰期間主管陸軍精神病治療部門。他說：「我們在軍中發現挑選和安置的重要性，也就是說要選一個適當的人去從事一項適當的工作。最重要的是，要使其相信他手頭工作的重要性。當一個人沒有興趣時，他會覺得自己是被安排在一個錯誤的職位上，會覺得自己沒有被欣賞和重視，會相信自己的才能被埋沒。在這種情況下，我們發現，即使他沒有罹患精神病，也會埋下精神病的種子。」

愛迪生小的時候是一個未進過學校的送報童，後來卻使美國的工業革命完全改觀。愛迪生幾乎每天都在他的實驗室裡辛苦工作十八個小時，在那裡吃飯、睡覺，但是他絲毫不以為苦。他自稱：「我一生中從未做過一天工作，每天其樂無窮。」所以他會取得成功！我曾經聽見查理・史茲韋伯說過類似的話。他說：「每個從事他所無限熱愛的工作的人，都可以取得成功。」也許你會說，剛步入社會，我對工作沒有任何概念，怎麼可以對工作產生熱情？艾德娜・卡爾夫人曾經為杜邦公司聘請數千名員工，現在是美國家庭產品公司的公共關係副總經理。她說：「我認為，世界上最大的悲劇是：那麼多的年輕人從來沒有發現他們真正想做什麼。我想，一個人如果只從他的工作中獲得薪水，而別無其他，那真是太可憐了。」卡爾夫人說，有一些大學畢業生跑到她那裡說，我獲得達特茅斯大學的文學士學位或是康乃爾大學的碩士學位，你公司裡有沒有適合我的職位？他們甚至不知道自己究竟可以做什麼，也不知道希望做什麼。因此，難怪有那麼多人在開始時野心勃勃，充滿玫瑰般的美夢，但到了四十多歲以後，卻一事無成，痛苦沮喪，甚至精神崩潰。事實上，選擇正確的工作，對你的健康也十分重要。約翰・霍普金斯醫院的雷蒙醫生與幾家保險公司聯合做了一項調查，研究使人長壽的因素，他把「適合的工作」排在第一位。這正好符合蘇格蘭哲學家卡萊爾的名言：「祝福那些找到他們心愛的工作之人，他們已經無須企求其他的幸福。」

即使會引起一些家庭糾紛，我仍然要奉勸年輕朋友們：不要因為你家人希望你那麼做，就勉強從事某個行業。不要貿然從事某個行業，除非你對它非常熱愛。但是，你仍然要仔細考慮父母給你的勸告。他們的年紀可能比你大一倍，已經獲得那種唯有從眾多經驗及過去歲月中才可以得到的智慧。但是，到了最後決定的那一刻，你必須做出最後決定。將來工作的時候，無論快樂還是悲哀，都是你自己的。

以上已經說得很多，現在讓我為你提供下述建議——其中有一些是警告，以便你選擇自己工作時作為參考：

一、閱讀並且研究下列有關選擇職業的建議。這些建議是由最權威人士提供的。由美國最成功的一位職業指導專家基森教授所擬定。

如果有人告訴你，他有一套神奇的制度，可指示出你的「職業傾向」，千萬不要找他。這些人包括摸骨家、星相家、個性分析家、筆跡分析家。他們的方法不靈。

不要聽信那些說他們可以給你做一番測驗，然後指出你應該選擇哪一種職業的人。這種人根本已違背了職業輔導員的基本原則，職業輔導員必須考慮被輔導人的健康、社會、經濟等各種情況，同時還應該提供就業機會的具體資料。

找一位擁有豐富的職業資料藏書的職業輔導員，並且在輔導期間妥善利用這些資料和書籍。

完全的就業輔導服務通常要面談兩次以上。

絕對不要接受函授就業輔導。

二、應該盡量避免選擇一些已經擁擠的職業和事業。在美國，總共有兩萬多種以上的謀生方法。想想看，兩萬多！但年輕人可知道這一點？除非他們雇一位占卜師的透視水晶球，否則他們是不知道的。結果呢？在一所學校內，三分之二的男孩選擇五種職業，兩萬種職業中的五項——五分之四的女孩也是一樣。難怪少數的事業和職業人滿為患，怪不得白領階級之間會產生不安全感、憂慮和「焦急性的精神病」。特別注意，如果你要進入法律、新聞、廣播、電影以及「光榮職業」等這些已經過分人滿為患的圈子內，你必須做好費一番大工夫的準備。

三、盡量不要去選擇那些維生機會只有十分之一的行業。例如，兜售人壽保險。每年有數以千計的人經常是失業者，因為他們事先未打聽清楚，就開始貿然兜售人壽保險。根據費城房地產信託大樓的富蘭克林・比特格先生的敘述，以下講述的就是這個行業的真實情形。在過去二十年來，比特格先生一直是美國最傑出而成功的人壽保險推銷員之一。他指出，九〇％首次兜售人壽保險的人弄得又傷心又沮喪，結果在一年內紛紛放棄。至於留下來的，十人當中的一人可以賣出十人銷售總數的九〇％。另外九個人只能賣出一〇％的保險。換個方式來說：如果你兜售人壽保險，你在一年內放棄而退出的機會比例為九比一；也就是說，只有一〇％留下的機會。即使你留下來了，成功的機會也只有1％而已，否則你只能勉勉強強維持生計。

四、在你做好決定準備投入某個職業之前，先花幾個星期的時間，對該項工作進行全盤性的認識。如何才可以達到這個目標？你可以和那些已經在這個行業中做過十年、二十年、三十年的人士面談。這些看似無關緊要的會談會對你的將來產生極大的影響。我從自己的經驗中瞭解這一點。我在二十幾歲時，向兩位老人請教職業上的指導。現在回想起來，可以清楚地發現那兩次會談是我生命中的轉捩點。事實上，如果沒有那兩次會談，我的一生將會是什麼樣子的，真的很難想像。

怎樣做才可以得到這些職業指導會談？為了便於說明，暫且假設你正打算做一名建築師。在你做出最後決定之前，你應該花幾個星期的時間，去拜訪你城裡和附近城市的建築師。你可以從電話簿的分類欄裡，把他們的姓名和住址找出來熟悉一下。不管有沒有預先約定，你都可以打電話到他們的辦公室。如果你希望訂出見面時間，你可以寫信給他們，信的大致內容可以是這樣的：

不知道可否請你幫忙？我希望可以接受你的指導，我現在二十歲，考慮學習做一名建築師。在我做出最後決定之前，希望向你討教一些問題。

如果你太忙，不能在辦公室接見我，願意賜我半小時的時間在你家中接見我，我將感激不盡。

以下就是我想向你請教的問題：

（一）如果你的生命再從頭開始，你可願意再做一名建築師？

（二）在你仔細打量我之後，我想請問你，你是否認為我具有成為一名成功建築師的條件？

（三）建築師這個行業是否已人滿為患？

（四）如果我學習四年的建築學課程，要找工作是否困難？我應該首先接受哪一類的工作？

（五）如果我的能力屬於中等，在前五年中，我可以希望賺多少錢？

（六）當一名建築師，有什麼好處和壞處？

（七）如果我是你兒子，你願意鼓勵我當一名建築師嗎？

如果你是一個害羞的人，不敢單獨會見「大人物」，我這裡有兩項建議，可以對你有所幫助。

首先，找一個和你年齡相仿的小夥子一起去。你們彼此可以增加對方的信心。如果你找不到跟你同年齡的人，你可以請求你父親和你一同前往。

其次，記住，你向某人請教，等於是給他榮譽。對於你的請求，他會有一種被奉承的感覺。記住，成年人很喜歡向年輕的男女提出忠告，你所求教的建築師將會很高興接受這次訪問。

如果你不願意寫信要求見面，不需約定，就可以直接到那個人的辦公室，對他說，如果他可以向你提供一些指導，你將感激不盡。

如果你連續拜訪五位建築師，他們都太忙了，無暇接見你（這種情形不多），你再去拜訪另外五個。他們之中總會有人接見你，向你提供寶貴的意見。這些意見可以使你多年的迷茫和傷心得到化解。

要知道，你是在從事你生命中最重要且影響最深遠的兩項決定中的一項。因此。在你採取行動之前，多花點時間探求事實真相。如果你不這樣做，在下半輩子中，你很可能會追悔莫及。如果能力許可，你可以付錢給對方，對他半小時的時間和忠告進行補償。

五、一定要把「你只適合一項職業」的錯誤觀念克服掉！每個正常的人，都可在多項職業上成功，相對地，每個正常的人，也可能在多項職業上失敗。以我自己為例，如果我自己研習並準備從事下述各項職業，我相信，成功的機率一定會很大，對於所從事的工作，也一定能深感愉快。這一類的工作包括：農藝、果樹栽培、農業科學、醫藥、銷售、廣告、報紙編輯、教書、林業。另一方面，我相信以下我所說的這些工作，我一定不喜歡，而且也會失敗：簿記、會計、工程、經營旅館和工廠、建築、機械事物，以及其他的很多職業。

消除工作和金錢煩惱的第一個原則是：

慎重做出重大的決定。

拋卻工作和金錢的煩惱

如果我知道怎樣解決人們的財務煩惱，我就不會寫這本書，而將安坐在白宮內——坐在總統身旁。但是我可以在此提供一些小貢獻：我可以引述各方面專家權威的看法，並且提出一些有用的建議，指出你可以從何處獲得書籍和小冊子，使你得到正確的指導。

《婦女家庭月刊》做過一項調查，結果顯示，人們七〇%的煩惱都跟金錢有關。蓋洛普民意測驗協會主席蓋洛普・喬治說，從他所做的研究中顯示，大多數人都相信只要他們的收入增加一〇%，就不會有什麼財政困難了。在很多例子中確實如此，但是令人驚訝的是，有更多例子並不盡然。我在撰寫本部分內容時，曾經向預算專家愛爾茜・史塔普里頓夫人請教。她曾經擔任紐約及費城兩地沃納梅克百貨公司的財政顧問多年，曾經以個人指導員身分，幫助那些被金錢煩惱拖累的人走出困境。各種收入的人她都幫助過，從一年賺不到一千美元的行李員，到年薪十萬美元的公司經理。她如此對我說：「對大多數人來說，多賺一些錢不能解決他們的財政煩惱。」事實上，我經常看到，他們的收入有所增加後，對他們沒有什麼幫助，只是徒然增加開支，增加頭痛。她還說：「使多數人感覺煩惱的，不是他們沒有足夠的錢，而是不知道如何支配手中已經有的錢！」也許你會對後面那句話不屑，好吧，在你表示輕蔑之前，請記住，史塔普里頓沒有說「所有人」。她說：「大多數人。」她不是指你而言。她指的是你姊妹和表兄弟，或是其他的一些人。

可能有讀者會說：「我希望作者這小子來試試看：拿我的週薪，付我的帳款，維持我應有的開支。只要他來試一試，我敢肯定他會知道我的困難，不再說大話。」說得不錯，我也有過我的財政困難：我曾經在密蘇里的玉米田和穀倉做過每天十小時的體力工作，辛勤地工作，直到腰酸背痛。我當時所做的那些苦工，不是一小時一塊美金的薪水，也不是五毛錢，也不是十分錢。那個時候，我每小時薪水五分錢，並且每天要工作十小時。

我體會過連續二十年住在一間沒有浴室、沒有自來水的房子裡是什麼滋味。我知道睡在一間零下十五℃的臥室中是什麼滋味。我知道寧願徒步數英里遠，只為節省一毛錢，以及鞋底穿洞、褲子補丁的滋味。我也嘗過在餐廳裡點最便宜的菜，以及把褲子壓在床墊下的滋味，因為我沒錢把它們交給洗衣店去洗。

然而，就是在那種情況下，我仍然設法從收入中省下幾個銅板，因為如果我不那麼做，心裡就會不安。由於這段經驗，我終於明白，如果你我渴望避免負債以及避免金錢煩惱，我們就必須和一些公司一樣：必須擬定一個正確花錢的計畫，然後根據那項計畫來花錢。可惜，我們大多數人不這樣做。例如：我的好朋友里昂·希姆金，指出人們在處理金錢事務時，會表現得意外盲目。他告訴我，有一位他認識的會計師，在公司工作時，對數字非常精明，但是他處理個人財務時——就讓我們做個比喻吧，如果這個人在星期五中午拿到薪水，他會走到街上，看到商店櫥窗有一件叫他著迷的大衣，就毫不猶豫地將它買下來，從來不考慮交房租、電費，以及其他的一些開支，遲早都要由這個薪水袋裡抽出來付掉。然而，這個人又知道，如果他服務的那家公司以他這種貪圖目前享受的方式來經營，公司一定會破產。

你必須考慮一件事情：牽涉到你的金錢時，你就等於是在為自己經營事業。你如何處理你的金錢，實際上也確實是你「自家」的事，別人根本幫不了你。

但是，什麼是管理我們金錢的原則？我們如何展開預算和計畫？以下有十一條規則。

為自己擬出一個真正適合你的預算

史塔普里頓夫人對我說，假設有兩個家庭比鄰而居，住同樣的房子，同樣的郊區，家裡的人數一樣，收入也一樣——然而，他們的預算需要卻會截然不同。為什麼？因為性格的不同。她說，想要進行正確的預算，必須按照各人需要來擬定。

預算是什麼？不是要把所有的樂趣從生活中抹殺。真正的意義在於給我們物質安全感——從很多情況下來說，物質安全感就等於精神安全和免於憂慮。史塔普里頓夫人告訴我：「依據預算來生活的人會生活得比較快樂。」

你應該怎樣進行？首先，你必須把所有的開支列出一張表，然後按照要求指導。你可以寫信到華盛頓的美國農業部，向他們索取這一類的小冊子。在某些大城市——密爾瓦基、克里夫蘭、明尼亞波利斯，以及其他大城市——主要的銀行都有專家顧問，他們將樂於和你討論你的財務問題，並且幫你擬定一份適合你的預算。討論此一題目的小冊子中，我見過的最好的一本名叫《家庭金錢管理》，由家庭財務公司發行。順便提一下，這家公司出版了一整套的小冊子，討論到許多預算上的基本問題，例如房租、食物、衣服、健康、家庭裝飾，還有其他各項問題。

把事實記在紙上

幾十年之前，亞諾・班尼特到倫敦，立志做一名小說家，他當時非常窮，生活壓力大。所以他把每一便士的開銷都記錄下來。他難道想知道他的錢怎麼花掉了？不是的。他心裡有數。他十分欣賞這個方法，不停地保持這一類記錄，甚至在他成為世界聞名的作家、富翁，擁有一艘私人遊艇之後，還一直有這個習慣。

約翰・洛克菲勒也使用這種方法，也保有這種總帳。他每天晚上禱告之前，總要把每便士的錢花到哪裡去了弄個一清二楚，然後才去休息。

我們也應該這樣，必須去弄個本子，開始記錄，記錄一輩子？不，不需要；預算專家建議我們，至少在最初一個月要把我們所花的每一分錢作準確的記錄——如果可能，可以做三個月的記錄。這只是提供我們一個正確的記錄，使我們清楚自己的錢都花到哪裡去了，然後我們就可以以此作為依據，做一下預算。

學會怎樣聰明地花錢

這裡要說的是，學習如何使你的金錢得到最高價值。所有大公司都設有專門的採購人員，他們只是設法替公司買到最合理的東西。身為你個人產業的男、女主人，你為何不這樣做？

不要因為你的收入而使自己頭痛

史塔普里頓夫人對我說：「我最害怕的就是被請去為年薪五千美元的家庭擬定預算。」我問她為什麼。她說：「因為每年收入五千美元，似乎是大多數美國家庭的目標。他們可能經過多年的艱苦奮鬥才達到這個標準，然後他們的收入達到每年五千美元時，他們認為自己已經成功了。他們開始大肆擴張。在郊區買一棟房子——『只是和租房子花一樣多的錢而已。』買一輛車子，許多新家具，以及許多新衣服。等自己有所察覺時，他們已進入赤字階段了。他們實際上比以前更不快樂——因為他們會迅速地把增加的錢花掉。」

這是很正常的，我們都希望獲得更高的生活享受。但從長遠方面來看，到底哪一種方式會帶給我們更多的幸福，強迫自己在預算之內生活。或是讓催帳單塞滿你的信箱，以及債主敲著你的大門要你還錢？

如果必須借貸，設法爭取銀行貸款

向銀行貸款，可以有效舒緩個人資金緊張狀況，怎樣提高借貸成功率？首先要提高自身素質，增強還貸能力；再來就是要尋找有效擔保，例如具備實力的個人或組織擔保，銀行一般都是一路「綠燈」；還要樹立良好信譽，因為失信於一家銀行等於失信於十家銀行。

投保醫藥、火災、緊急開銷的保險

在生活中，一些意外和不幸以及不可預料的緊急事件，都有小額的保險可供投保。我不是建議你從在澡盆裡滑倒至染上德國痲疹的每件事皆投上保險，但是我鄭重建議，你有必要為自己投保一些主要的意外險。否則，如果出事，不僅花錢，更讓人煩惱。而這些保險的費用也不貴。

一個簡單的例子：我知道有一位婦人去年在醫院裡待了十天，出院之後，收到帳單——只有八元美金。怎麼回事？她有醫藥保險。

不要讓保險公司以現金將你的人壽保險付給你的受益人

如果你投人壽保險的目的是為了在你死後可以照顧家人，我請求你，絕對不可讓保險公司一次將大批現鈔付給你的受益人。「有許多新鈔票的新寡婦」將會怎樣？我讓馬利翁・艾伯利夫人來解答此一問題。她是紐約市人壽保險研究所婦女組主任。她在全美國各地的婦女俱樂部演講，指出不讓寡婦領取人壽保險金，而改為領取終生收入的好處。她提及一位收到兩萬美元人壽保險現金的寡婦，她把所有的錢都借給兒子開創汽車零件事業。

事業失敗了，她現在窮困潦倒，三餐不繼。她提到另一位寡婦，被一位油腔滑調的房地產經紀人所誘，把她手中大多數的人壽保險金拿出來買了一些「保證在一年之內增值一倍」的空地。三年之後，她把土地賣掉，卻只拿回當初投資的十分之一。她又提到另一位寡婦，在領取一萬五千美元的人壽保險金的十二個月以後，就必須向兒童福利協會申請補助款撫養她的子女。與此類似的悲劇，可以說數以千計。

如果你想要在死後使自己妻子兒女的生活有保障，為何不向J・P・摩根學習？他是當代最偉大的金融專家之一。他把遺產分贈給十六位受益人，其中十二位都是婦人。他贈給這些婦女的是現金嗎？不。他留給她們的是有價證券，讓這些婦女每月都可以得到一些固定的收入。

如果你是家庭主婦，也許可在家中賺一些外快

如果你夠聰明，擬定好了開支預算後，仍然發現無法彌補開支，你可以選擇下述兩事之一：你可以咒罵、煩惱、擔心、抱怨，或是可以想辦法賺一些額外的錢。你會選擇怎麼做？想賺錢，只需找人們最需要而目前供應不足的東西。家住紐約傑克森山莊的娜莉·史皮爾夫人就是這麼做。一九三二年，她自己一人住在一套有三個房間的公寓裡，她的丈夫很早以前就去世了，兩個兒子都已結婚。有一天，她到一家餐館的蘇打水櫃檯買霜淇淋，發現櫃檯也兼賣水果餅，但那些水果餅看起來實在令人不敢恭維。她問老闆願不願向她買一些真正的家製水果餅，那個老闆向她訂了兩塊水果餅。史皮爾夫人對我講述她的故事：「雖然我自己也是一個好廚師，但以前我們住在喬治亞州時，一直請有女傭，我大概只有十多次親手烘製餅乾。在那位老闆向我預訂兩塊水果餅之後，我向一位鄰居請教做蘋果餅的方法。結果，那家餐廳的顧客對我最初的兩塊水果餅——一塊蘋果、一塊檸檬讚不絕口。餐廳第二天就預訂了五塊，接著，其他的餐館也開始紛紛向我訂貨。在兩年之內，我已經成為每年必須烘製五千塊餅的家庭主婦。我單獨一人在自己的廚房裡完成全部工作，我的年收入已經高達一萬美元，除了一些做餅的材料之外，我沒有多花一毛錢。」

逐漸地，餐館對史皮爾夫人家製烤餅的需求量越來越大，她不得不搬出廚房租下一間店鋪，雇了兩位女孩幫忙。水果餅、蛋糕、捲餅。在第二次世界大戰期間，人們排隊一個多小時等著買她的烘製食品。史皮爾夫人說：「我一生中從未如此快樂過，我一天在店裡工作十二～十四個小時，但是我從來不覺得厭

倦，因為對我來說，那根本不算是工作。那是生活中的奇異經驗。我只是盡我的能力來使人們更加快樂，我太過忙碌，無暇憂愁或寂寞。我的工作為我彌補了自我母親及丈夫去世後所留下來的空間與空虛。」

史皮爾夫人說完之後，我請教其他烹調技術高明的家庭主婦，是否也可以在餘暇時以同樣的方式，在一個一萬人以上的小城市裡賺錢，她回答：「可以，她們當然是可以這樣做的。」

我想說明一點，娜莉・史皮爾不為金錢而煩惱，反而採取積極的做法。她們以最小的方式從廚房出發——沒有租金，沒有廣告費，沒有薪水。在這種情況下，一名婦人要被財務煩惱拖垮，幾乎是沒有這種可能了。

仔細地觀察你的周圍，你將會發現許多尚未達到飽和的行業。例如，如果你是一名很優秀的廚師，你也許可以開設烹飪班，就在自己的廚房裡教導一些年輕人，這也是賺錢之道。說不定還會有很多學生上門求教。

有很多書籍是教導人們如何利用餘暇時間賺錢，你可到公立圖書館借閱。不管男人、女人，皆有許多工作機會。但是我必須提出一句警告：除非你天生有推銷的才能，否則不要嘗試去挨戶推銷。大多數人都痛恨這份工作，最後往往以失敗告終。

永遠不要賭博

看到一些想從賭賽馬及玩吃角子機器上贏錢的人，我總是覺得很驚異。我認識一個擁有多架這種「單手土匪」機器並依靠它們為生的人，他對於那些天真地妄想打敗這些已經設計好來騙他們錢的機器的傻瓜，除了輕視之外，沒有任何同情。

美國一名最佳的賭賽馬的老千，這個人我也認識。他是我成人教育班上的一名學員。他告訴我，根據他對賽馬所具備的所有認識，他無法從賭賽馬中賺到錢。然而，事實上，每年還有很多心甘情願的傻子，在賽馬中賭下六十億美金的錢，這剛好是美國在一九一〇年全國總債務的六倍。這位賽馬老千還對我說，如果他想毀滅自己的敵人，再也沒有比說服這位敵人去賭賽馬更好的方法了。我問他，如果某人根據賽馬的內幕情報來下注，會有怎樣的結果，他回答：「依照這種方式來賭賽馬，可以把美國所有的造幣廠都輸掉。」

如果你想去賭博，至少也要學聰明一點。先讓我們找出自己的勝算如何。如何來找？你可以閱讀一本名為《如何計出勝算》的書，作者是奧斯華・賈柯比——橋牌及撲克的權威、最高級的數學家、統計專家，也是保險公司的統計顧問。這本書總共兩百一十五頁，告訴你在賭賽馬、輪盤、骰子、吃角子老虎、撲克、橋牌、梭哈以及股票市場時勝算有多少。這本書同時也告訴你，在其他各種活動中，你有多少得勝的機會，全有數學根據，十分有用。它不是存心教你如何賭博。作者別無企圖，他只是想把普通方式的賭博中你失敗的比例坦白地告訴你；當你獲知這些失敗的比例之後，你將會憐憫那些易於受騙的人，他們把辛苦賺來的錢丟在賽馬、紙牌、骰子、吃角子老虎機之上。

教導子女養成對金錢負責的態度

我在《你的生活》雜誌上讀過一篇文章，印象非常深刻。作者史蒂拉·威斯頓·吐特敘述她如何教導自己的小女兒養成對金錢的責任感。她從銀行裡取得一本特別儲金簿，交給她九歲的女兒。每當小女兒得到每個星期的零用錢時，就將零用錢「存進」那本儲金簿中，母親擔任銀行的角色。然後，在那個星期之後，每當她需使用一毛錢或一分錢時，就從帳簿中「提出」，把餘款結存詳細記錄下來。這位小女孩不僅從其中得到很多的樂趣，而且她如何處理金錢的責任感也增強很多。

如果我們無法改善我們的經濟情況，請寬恕自己

我們如果不可能使自己的經濟情況得到改善，也許可以改進心理態度。記住，其他人也有自己的財務煩惱。我們可能因為經濟情況比瓊斯家差而煩惱；但瓊斯家可能因為比不上李茲家而煩惱；李茲家又因為跟不上范德比家而懊惱。美國歷史上最著名的人物他們也有自己的財務煩惱，林肯和華盛頓都需要向人借貸，才可以到達首都就任總統。

如果我們得不到自己希望的東西，最好不要讓憂慮和悔恨來苦惱我們的生活。讓我們原諒自己，學得豁達一點。根據古希臘哲學家愛比克泰德的說法，哲學的精華就是：「一個人生活上的快樂，應該盡可能減少對外來事物的依賴。」羅馬政治家及哲學家塞內卡也說：「如果你一直覺得不滿，即使你擁有整個世界，也會覺得傷心。」

想要減少煩惱，第二個原則是：

不要總是為工作和金錢煩惱。

卡內基
遠離焦慮，
擁有快樂生活。

夫妻之間的職業衝突

我認識一個男人，他在不喜歡的職位上工作一輩子，只因為他的太太寧願犧牲任何代價，也要守住那份安定的生活。

他最初是一個記帳員，後來賺夠了錢，可以開自己的汽車修理廠，這個時候他結婚了。他的太太認為在他們還沒有買下房子以前，不能辭去這份工作。等到有了房子以後，他們正要生下第一個孩子，妻子使他覺得，開創自己的事業將是一件多麼辛苦的傻事。

於是，日子就這樣一天天地過去了。他的薪水已經足夠家庭開銷，還有保險金可以供應孩子的教育費。有必要開創自己的事業嗎？太可笑了！如果失敗了怎麼辦？他可能會失去在公司裡的年資、公司的退休金、疾病津貼，以及一份中等而固定的薪水。於是這位男士就失去創業的機會，因為他的妻子不願讓他去做這個嘗試。

成為一個對生活感到厭倦、庸庸碌碌的中年人，他把空閒的時間用來修補自己的汽車。他有張失意的臉孔，患有胃潰瘍，此外再也沒有什麼東西可回想。生命就這樣過去。

他生命絕大多數的時間用來壓抑其對於工作的不滿，他對自己的工作沒有任何興趣，沒有熱心，還有沒有完成的野心，因為他的妻子不願意給他嘗試的機會。

如果他放棄自己不喜歡的工作，嘗試努力去做自己選擇的工作而失敗了，事情又會怎樣？至少他將會因為已經做過自己想要嘗試的工作而感到滿足，而且如果他嘗夠了失敗的滋味，他就真的能取得成功。

然而，令人興奮的是，這種類型的妻子似乎只是少數而已。在雪佛釀酒公司最近的一項調查裡，有六千個各階段年齡的家庭主婦接受訪問。其中有一個問題是，如果她丈夫想要從一個他不太喜歡的安定工作，轉到另一個較不安定而且薪水較低，但是卻可以使丈夫感到高興的工作上去，太太們是不是會贊成。接受訪問的太太們只有二五％表示不願意讓自己丈夫改行。

查理斯・羅伯森是我的祖父，十九世紀八〇年代在堪薩斯州的農莊長大。他想移居到印第安・泰里特利，看看自己可以在這個邊界殖民區裡做出什麼事業。

於是，他和他的妻子哈麗特整理好行裝，放進一輛敞篷馬車裡，帶著孩子們往未知的前途出發，他們在錫馬龍的河岸定居。

這個地方，就是現在的奧克拉荷馬州東北。我的祖父建造了一座木屋，用籬笆圍起一片自己的土地。不久，他借了一些錢在這個鄉村開起了小店，當時的那個小地方就是現在奧克拉荷馬州的杜爾沙市。

當時，我祖母哈麗特的日子非常艱苦，她要照顧九個小孩，身體不太好，而且生活很不方便。那裡沒有醫生，只有一家一間教室的教會學校可以讓孩子們讀書。

艱苦的生活、債務、寒冷的冬天和炎熱的夏天，這就是他們全部的寫照——但是以邊疆的生活標準來說，查理斯·羅伯森成功了。哈麗特看到她的丈夫變成一個成功的、受人敬重的居民，她的兒女們也都結婚了，並且過著幸福的生活，印第安·泰里特利也變成聯邦政府的一州。聯邦政府這些州的發展，不僅由於有像查理斯·羅伯森這種男人的眼光，他們開拓新的天地，而且也因為有這些勇敢的妻子，就像哈麗特，她們勇敢地讓自己的丈夫嘗試新的機會。

這些女人信仰上帝，信仰她們的丈夫，而且信仰她們自己。她們勇敢地面對著危險、困苦、疾病和死亡。當她們朝西部前進的時候，有沒有懷念過她們離開的舒適的家？有沒有後悔過離開了朋友、雙親、財富以及現在所面對的物質匱乏、害怕和勞苦的生活？如果她們沒有後悔過，就太無情無義了。

即使是這樣，拓荒的人們跟隨自己的丈夫來到這些荒涼地區，寫下了美國歷史上光輝的一頁。他們把一大筆遺產留給自己的兒女，包括一片土地、城市，以及一種不屈不撓的勇氣和無法動搖的信心與精神。

想讓自己丈夫成功的妻子，必須發揚我們的拓荒前輩的刻苦精神。妻子必須心甘情願地讓自己的丈夫去做他最喜愛的任何事情，即使他的做法是一種冒險。

不管遇到什麼挫折，她必須有深信丈夫的勇氣，而且毫不畏懼地支持他。可以不顧一切地努力實現進取心和創造心的人，更不會因為其他的原因而退縮。

以前，我在一位叫作查理斯・雷諾茲的人那做過事。他是奧克拉荷馬州杜爾沙市一家石油公司的財務助理，是一個活潑、能幹又討人喜歡的年輕人，看來一定可以一帆風順地發展。他有太太、三個小孩以及美好的前景。

有空的時候，查理斯・雷諾茲喜愛繪畫。他的許多風景油畫，都懸掛在公司辦公室的牆上。有時候，他也把畫賣給公司以外的人。

雖然雷諾茲先生很喜歡自己的那份工作，但是他渴望有更多的時間來繪畫。他一向很喜愛新墨西哥州的陶斯城，那裡是藝術家的樂園，他想要放棄自己的工作，永久移居到那邊去。當他和他的太太露絲談到去開一家繪畫用品店時，他太太充滿信心地鼓勵他說：「我們也可以賣畫框，我照顧店面，你就可以畫畫了。我想我們一定會成功的。」

有了太太的鼓勵，查理斯・雷諾茲下定決心辭掉工作，專心作畫。他們全家人都有開創新事業的精神，年輕的查理斯放學以後也會幫忙處理店裡的事情。他畫得非常好，終於成為西南部最成功的畫家之一。

他的作品曾經在美國各地展覽過，他在許多畫廊舉辦過個人畫展。後來，他成為陶斯城畫家協會的會長，在新墨西哥州陶斯城聞名的基特・卡森街上，還建起自己的畫室、畫廊。這都是因為他和他的妻子敢於嘗試新的機會。

透過冒險取得成功，這不值得驚訝，勝算的可能性是很高的。如同范德格里夫特將軍經常在戰前對他的軍隊所說的：「上帝偏愛那些勇敢和堅強的人。」

最適合一個人的工作，或可以使他感到快樂的工作，不一定就會使他富有或是過上好日子。然而除非一個人的工作可以帶給他內心的滿足，否則就不算是真正的成功了。作為一個妻子，首先精神上要有耐力，才可以讓她的丈夫自由自在地做他所喜愛的工作，而放棄他所不滿意的、薪水較好但不高興的職位。

很多偉大的成就，可能都是因為不自私的妻子願意嘗試一個機會——而且願意放棄物質享受，她們的丈夫才可以從事適合於他們個性的工作。

其實，成功的真正意義就是找到一份你所熱愛的工作並努力去做——在奮鬥的途中必須不顧自身的安全與幸福，有時候只有這樣做，才是獲得我們真正想要的東西的唯一方法。

羅伯特・路易斯・史蒂文生說：「上帝啊，請賜給我一個年輕人，他必須有足夠的膽識去做別人心目中的傻事。」莎士比亞則是這樣說：「疑慮是我們心中的叛逆者，由於害怕去追求，將會使我們失去我們通常可以贏得的東西。」

上帝確實是偏愛那些勇敢和堅強的人。如果你希望自己的丈夫成功，就要支持他們從事自己感興趣的工作，讓他們在覺得最有成就的工作之中成功，我們就該鼓勵他們去嘗試每一個機會，而且要有足夠的勇氣來共同克服危機。

消除工作和金錢煩惱的第三個原則是：
妥善處理夫妻之間的職業衝突。

心學堂 11

卡內基
遠離焦慮，
擁有快樂生活。

作者	戴爾・卡內基
譯者	雲中軒
美術構成	騾賴耙工作室
封面設計	斐類設計工作室
發行人	羅清維
企劃執行	張緯倫、林義傑
責任行政	陳淑貞
企劃出版	海鷹文化
出版登記	行政院新聞局局版北市業字第780號
發行部	台北市信義區林口街54-4號1樓
電話	02-2727-3008
傳真	02-2727-0603
E-mail	seadove.book@msa.hinet.net
總經銷	知遠文化事業有限公司
地址	新北市深坑區北深路三段155巷25號5樓
電話	02-2664-8800
傳真	02-2664-8801
網址	www.booknews.com.tw
香港總經銷	和平圖書有限公司
地址	香港柴灣嘉業街12號百樂門大廈17樓
電話	（852）2804-6687
傳真	（852）2804-6409
CVS總代理	美璟文化有限公司
電話	02-2723-9968
E-mail	net@uth.com.tw
出版日期	2021年08月01日　一版一刷 2022年10月15日　一版五刷
定價	280元
郵政劃撥	18989626　戶名：海鴿文化出版圖書有限公司

國家圖書館出版品預行編目（CIP）資料

卡內基 遠離焦慮，擁有快樂生活 ／ 戴爾・卡內基作 ；
雲中軒譯. -- 一版. -- 臺北市 ： 海鴿文化，2021.07
面 ； 公分. --（心學堂；11）
ISBN 978-986-392-383-1（平裝）

1. 快樂 2. 生活指導

176.51　　　　110008983

SeaEagle

SeaEagle